Um Rabisco de Deus

Um Rabisco de Deus

Tom Hickman

O Pênis,
da criação aos dias
de hoje.

Tradução
Frederico Simeone

BÚSSOLA

São Paulo • 2013
1ª edição

Copyright © 2012 Tom Hickman
First published as God's Doodle by Square Peg, an imprint of Random House Group Ltd.

O autor declara e reivindica o direito de ser identificado como autor desta obra.
Direitos da edição para o Brasil adquiridos pela
Bússola Produções Culturais e Editora Ltda.
Rua Iranduba, 33
04535-030 - São Paulo - SP
www.editorabussola.com.br

Título original
God's Doodle

Tradução
Frederico Simeone
com colaboração de Camila Marchmont

Preparação de texto e revisão
Lizandra Almeida
Livia Koeppl

Projeto gráfico e editoração eletrônica
Áttema Editorial :: www.attemaeditorial.com.br

Capa
Cj 31

Dados Internacionais de Catalogação na Publicação (CIP)
(Câmara Brasileira do Livro, SP, Brasil)

Hickman, Tom
 Um rabisco de Deus : o pênis, da criação aos dias de hoje / Tom Hickman; tradução Frederico Simeone. – 1. ed. – São Paulo : Bússola, 2013.

 Título original: God's doodle
 ISBN 978-85-62969-29-4

 1. Pênis - História 2. Pênis - Aspectos sociais
I. Título.

13-08259 CDD-573.656

Índices para catálogo sistemático:
1. Pênis : Sistema reprodutivo masculino :
Ciências da vida   573.656

Todos os direitos reservados. Nenhuma parte desta edição pode ser utilizada ou reproduzida – em qualquer meio ou forma, seja mecânico ou eletrônico, fotocópia, gravação etc. – nem apropriada ou estocada em sistema de banco de dados, sem a expressa autorização da editora.

Ele tem sua raiz em minha alma, tem esse cavalheiro!
E às vezes eu não sei o que fazer com ele.
Ai, ele tem vontade própria, e é difícil satisfazê-lo
Mesmo assim, eu não o mataria.

Lady Chatterley's Lover, D.H. Lawrence

PRÓLOGO

COMO UM

É uma verdade universal que um homem de posse de um pênis produzirá alguns de seus pensamentos com ele. Fisiologicamente, isso é impossível. Mas, como a antiga amante de Bill Clinton, Gennifer Flowers observou a respeito do caso do inquieto presidente com a estagiária Monica Lewinsky, "Ele estava pensando com sua outra cabeça" – uma observação em que ambos tomam conhecimento do fenômeno, e enfatizam a capacidade do pênis de superar os pensamentos lá de cima, apesar de lhe faltarem 100 milhões de células nervosas, que constituem a estrada neurológica do cérebro.

Quinhentos anos atrás, Leonardo da Vinci, o extraordinário gênio da Renascença, debruçou-se sobre a relação entre o homem e seu pênis, escrevendo de maneira espelhada, em um dos seus cadernos: "(O pênis) tem acordos com a inteligência humana e às vezes demonstra uma inteligência própria, a qual um homem desejaria estimular, mas ele fica obstinado e segue seu curso; e às vezes se move por conta própria, sem permissão nem pensamento de seu dono. Se o dono está acordado ou dormindo, ele faz o que lhe apetece; muitas vezes o homem está dormindo e ele acordado; ou o homem gostaria de entrar em ação, mas ele se recusa; em muitos casos ele quer ação e o homem proíbe. Eis porque se diz que essa criatura parece ter vida e inteligência separadas das do homem".

De acordo com o dramaturgo ateniense Sófocles, ter um pênis é estar "acorrentado a um louco" – e o louco é capaz de tomar o controle da central de comando de seu dono. *Ven der putz shtheht, light der sechel in drerd*, diz o provérbio em ídiche: quando o pau fica ereto, o cérebro se enterra no solo. Nesses momentos, dizem os japoneses, o dono fica possuído, *sukebe* – um sujeito ridículo, forçado a agir pelo malévolo *lecher* entre suas pernas.

O que não pode ser negado é que, sob alguns aspectos, a posse de um pênis dá a seu dono um entendimento monocular do mundo. Desde a infância, ele considera seu pênis um centro de entretenimento para si mesmo e também para os outros, o gênio da lâmpada que, quando esfregada, atende seus pedidos (pelo menos assim ele deseja).

Ele poderia, claro, negar com indignação que aquilo que é seu o seja independentemente da sua psique e personalidade: afinal, ele é mais do que a soma de suas partes privadas. Mas um pênis – sempre – tem potencial para infligir humilhação ou introduzir um problema ético. É o homem que carrega o pênis ou vice-versa, e, para ir além, há verdade na malévola afirmação do dramaturgo Joe Orton, de que "um homem nada mais é do que um sistema destinado a garantir a vida de seu pênis". É a base de uma esquizofrenia para a vida toda.

Ao longo da história, a atitude das mulheres para com o pênis não é menos ambivalente do que a dos homens. Que o pênis é capaz de ter vida própria, aparentemente sem o controle do dono, faz com que as mulheres às vezes o considerem uma entidade separada do homem, razão pela qual Simone de Beauvoir observou, no primeiro tratado feminista do pós-guerra – The Second Sex – as mães falando com seu filho do sexo masculino, sobre seu pênis, como "uma pessoinha... um alter ego em geral mais evasivo... e mais inteligente do que o indivíduo", formando, desde o início de sua vida, a crença de que houvesse uma dualidade, como Batman e Robin. Mais tarde, feministas mais agressivas do que Beauvoir, por mais que despejassem opróbrios na cabeça do pênis, não conseguiram se livrar dessa visão dupla. "Você nunca encontra um homem sozinho", uma feminista escreveu. "Estão sempre em dupla: ele e seu pênis." O tom ressentido sugere que o pênis nunca poderia ser interceptado, como um revólver de seis tiros em um bar de faroeste, entregue ao barman para assegurar que não causará problema. As feministas alegam que a "simples" posse de um pênis tem sido responsável por milhares de anos de domínio masculino na religião e na filosofia ou no pensamento político, social e econômico da própria história.

Tal alegação, alguém pode observar, paira sobre pelo menos uma das cabeças de quem tem pênis.

PARTE I

MEDIDA POR MEDIDA

O tamanho do pênis não é realmente importante.
Como dizem, não se trata do tamanho do barco, mas do
comprimento do mastro dividido pela área de superfície da
vela principal, subtraída do perímetro da bomba de porão.
Ou algo assim.

Donna Untrael

CAPÍTULO 1

"INDIVIDUAL COMO UM ROSTO"

Em 1963 o destino do Governo Britânico ficou pendurado nos genitais de um ministro de Estado do Partido Conservador.

A administração de Harold Macmillan já andava mal das pernas, com a perda recente do ministro da Guerra John Profumo por seu envolvimento com a prostituta Christine Keller, quando o 11º duque de Argyll iniciou os procedimentos para se divorciar de sua mulher, Margaret, por adultério com 88 homens não identificados, incluindo três nobres, três atores de Hollywood e não só um, mas dois ministros de Estado. Com sensacionalismo, o duque apresentou fotografias Polaroid, então uma novidade, a primeira mostrando sua mulher vestida apenas com um colar de pérolas, praticando felação em um homem no banheiro de sua casa em Belgravia (bairro nobre de Londres), e mais quatro, nas quais aparece um homem deitado em sua cama se masturbando, com as legendas "antes", "pensando em você", "durante-oh" e "fim". Quem era o "homem sem cabeça" como foi apelidado pelos jornais – não identificado na primeira Polaroid devido ao ângulo da câmera, que cortou sua cabeça acima do pescoço? Uma série de nomes foi cogitada, mas logo o ator Douglas Fairbanks Junior e Duncan Sandys, ministro da Defesa e também genro de Winston Churchill, surgiram como possíveis suspeitos, cabeça a cabeça, por assim dizer.

Sandys disse a Macmillan que não era culpado. Mas se outro ministro fosse implicado em um escândalo sexual era quase certo que o governo seria derrubado e o primeiro-ministro queria ter certeza. Assim, instruiu Lord Denning, o Master of the Rolls[1], a investigar. Como desembargador mais importante da Grã-Bretanha, ele intimou os cinco

---

[1] N. do T.: Juiz responsável pela Corte Civil da Inglaterra e País de Gales.

suspeitos mais prováveis, entre eles Sandys e Fairbanks, a ir até o Tesouro, onde tiveram de assinar o livro dos visitantes. Um grafologista foi chamado para comparar a caligrafia com as legendas das fotos Polaroid. Enquanto aguardava confirmação, Denning fez Sandys visitar um especialista de Harley Street, ficando confirmado que tais genitais ministeriais não eram os da sequência masturbatória.

Denning informou também ao primeiro ministro que a caligrafia não era de Sandys, mas sim de Fairbanks (informação não revelada durante quase 40 anos). De sua parte, nem uma vez durante toda a sua longa vida a duquesa de Argyll confirmou qualquer detalhe sobre o assunto. Mas ela deu dicas sólidas de que dois homens, não apenas um, estavam nas fotos: o masturbador não só não era o mesmo sujeito da felação, mas na verdade era Sandys. Supérfluo assinalar que as entusiásticas manipulações da duquesa no banheiro tornavam impossível a comparação de um pênis com o outro.

Algumas mulheres dizem, em uma atitude de desdém, que se você viu um pênis já viu todos, embora eles sejam infinitos em sua variedade de tamanho (sic), formato e coloração. Podem ser longos, curtos, gordos, magros, grossos, retos, protuberantes, ou tão cônicos a ponto de ficarem espremidos na ponta de um preservativo, tortos para a esquerda ou direita, para cima ou para baixo, circuncidados ou não, lisos, ou tão enrugados quanto um cachorrinho shar-pei; apresentam-se nas cores rosa, caramelo, pêssego, lavanda, chocolate ou preto metálico, dependendo da origem étnica do dono, mas não são inteiramente uniformes: a maioria dos pênis tem tonalidade mais escura do que o corpo do dono, alguns de forma surpreendente – "bronzeados", como o casal dinamarquês Inge e Sten Hegeler delicadamente colocaram no livro *An ABZ of Love*, publicado em 1963, no mesmo ano do "homem sem cabeça", e o manual de sexo de maior sucesso de vendas à época. Significativamente, os Hegeler consideraram os pênis como sendo "tão individuais quanto as faces". Mais expressivo ainda, na década seguinte, Alex Comfort, ao escrever *The Joy of Sex*, o maior manual de sexo de todos os tempos, decretou que os pênis também são dotados de "uma personalidade".

Se os pênis são tão individuais quanto os rostos, nos cartuns são comparados *in totum* a uma face: um rosto de homem muito velho, com um nariz particularmente feio, um ovo preso a cada papada caída (inegável que, passada a puberdade, todo pênis parece mais velho do que seu possuidor). Até a cabeça ou glande do pênis foi comparada a uma face, um exagero da imaginação, embora talvez se possa encará-la como um feto recém-formado. "Uma carinha tão séria", como Thelma diz do pênis de Harry Angstrom (*Rabbit is Rich*, de John Updike) em um momento de descanso, após oferecer-lhe uma felação, completando a analogia com a observação de que a pele não circuncidada ao redor da cabeça inchada do pênis parece uma "touquinha". Sérios, ou mais especialmente tristes, os pênis eram tão intoleráveis para a poeta Bonnie Roberts que ela revelou em seu poema *Portrait of a Former Penis Bigot* que desenhava rostos alegres no do seu amante com caneta hidrográfica; um boton de Smiley jamais será o mesmo.

Durante séculos, a abertura da uretra na ponta do pênis tem sido comparada a um olho (de japonês, no vernáculo moderno, embora os estudiosos clássicos dos anos 1920 se referissem bastante ao pênis como Polifemo, o ciclope de um olho só, filho de Posêidon, cegado por Odisseu) ou como uma boca pequena, sendo a isso que o poeta elizabetano Richard Barnfield se refere em um soneto que começa assim: "doces lábios de coral, onde se escondem os tesouros da natureza"[2] (para entender, ajuda saber que Barnfield era homossexual). Na Inglaterra elizabetana, "nariz" era uma gíria popular para o pênis e ainda hoje, no Japão, do outro lado do mundo, o pênis é chamado, de forma coloquial, pelo nome de um duende do folclore, Tenggu, infeliz por ter um órgão olfativo de grande dimensão[A].

Durante séculos, homens deram nomes de gente aos pênis, batizando-os de acordo com suas feições: na Inglaterra, os mais populares são Peter, Percy, Rupert e Roger – este último, um nome tradicional para touros e carneiros garanhões. Ainda usados atualmente, John, ou John-Thomas, mais usual graças ao livro *Lady Chatterley's Lover*, de D.H.

---

[2] N. da E.: No original, "sweet coral lips, where nature's treasure lies".

Lawrence, e Willy (apelido de William). O interessante é que o nome Dick, embora tão antigo quanto as outras denominações, juntou-se à fraternidade peniana somente no final do século XIX, e não apenas porque rimasse com *prick* (pau), mas como uma abreviatura de *dickory dock*, gíria *cockney* para *cock* (pica). *Roger* não é mais usado como apelido (hesita-se dizê-lo diminutivo), mas por séculos foi um verbo bastante apreciado – o diário de William Byrd de Westover contém seu mais antigo registro: em 26 de dezembro de 1711, ele escreveu sobre sua mulher: "eu a comi *(rogered her)* com grande desejo", e de novo em 1º de janeiro de 1712, "eu fiquei na cama até nove horas nesta manhã... e a comi *(rogered her)* a título de reconciliação".

Alguns homens dão apelidos aos pênis (será que Clinton realmente chamou o seu de Willard?), porque, conforme a piada, eles não querem ser comandados por alguém que não conhecem.

Os homens anglo-saxões não tinham pênis. Eram *tarse men*. Em cerca de 500 anos os homens viraram *pintle men* ou *pillicock men*. Quando esses termos da Idade Média foram considerados vulgares no final do século XVI, *pillicock* foi abreviado para cock (e de *pillicock* ficou o menos ofensivo *pillock*). Assim, *cock* e *prick* tornaram-se referências aceitáveis, embora surpreendentes para ouvidos modernos: nos séculos XVI e XVII, empregadas domésticas referiam-se ao seu namorado, de forma rotineira, como "my prick" (minha pica). Ao final do século XVII, *prick* saiu de moda na sociedade bem-educada, assim como *cock*, com amplas consequências linguísticas: *apricocks*, *haycocks* e *weathercocks* viraram *abricots* (abricós), *haystacks* (montes de feno) e *weathervanes* (cataventos), como na América dos Pastores Puritanos, *water cocks* viraram *faucets* (torneiras) e *cockerels*, *roosters* (galos). Os homens adotaram como medida para seu pênis a jarda (*yard*, em inglês) – derivada de um termo medieval para vara ou cajado e símbolo de autoridade, não como uma medida otimista de comprimento.

Quando, no século XVIII, veio a tendência de usar termos latinos, *yard* virou *penis*, e *tarse* (pênis, no inglês arcaico), presente pelo menos em círculos literários, caiu fora, para tristeza dos poetas escatológicos (*penis* não rima com *arse*). O termo clássico dos romanos para pênis era *mentula*, que poderia ter certa ressonância com "*little mind*" (mente pequena). Mas os filólogos do século XVIII preferiram o termo mais fluente, *penis*, significando cauda, não somente no lugar de *mentula*, como também sobre a mais popular gíria romana, *gladius,* ou espada. Como vagina significa *sheath* ou *scabbard* (bainha de faca ou de espada) *gladius* caiu bem como expressão[B].

Glande, a palavra latina para a cabeça do pênis ereto (significando a bolota do carvalho, o que de fato lembra, com boa dose de imaginação), também foi adotada pelo inglês padrão – embora na conversa a maioria do povo tenha mantido as expressões seculares, como maçaneta, elmo, *bellend* (cabeça do pênis) e, é claro, só cabeça. ("Venha, Kate, com sua arte perfeita de deitar-se: venha, rápido, rápido, para que eu possa pousar minha cabeça no seu colo." *Henry IV*, Parte I, III, i, 226-8)[3].

O resto do compêndio também sofreu latinização. Os anglo-saxões e todos esses que os seguiram se referem a colhões, *ballocks* (mais tarde *bollocks*), ou mesmo pedras (usadas de forma consistente na Bíblia do Rei James, de 1611), e do século XVI ao XVIII, como *cods* (de *codpiece*, calça de montaria), daí para a frente, passaram a testículos, de *testiculus*, testemunhas – os romanos consideravam seus testículos como "pequenas testemunhas da virilidade", concluíram os etimologistas (ver parte 2, "De ator secundário a protagonista").

Em séculos de íntima proximidade com a Bíblia, o arsenal de Adão, Nimrod (o poderoso caçador) e o bastão de Aarão (o símbolo de comando do patriarca, que florescia e produzia amêndoas) estavam entre os apelidos, neologismos e imagens que os homens inventavam para seus genitais – hoje pouco prováveis de encontrar nos sites da Internet devotados de forma acurada à terminologia genital. Ao longo dos tempos, o homem também aplicou todo tipo de sinônimos imagináveis para o pênis: os mais diversos vegetais e frutas, pequenos animais e suas partes,

---

[3] N. da E.: No original, *"Come, Kate, thou art perfect in lying down: come, quick, quick, that I may lay my head in thy lap"*.

e répteis – sendo a cobra e a enguia constantes em quase toda a cultura, assim como a tartaruga com sua cabeça fálica nas culturas do Oriente Médio. Os italianos ainda se referem de forma coloquial ao pênis como uma ave, ou um peixe, assim como faziam os sumérios, a primeira civilização da terra, cerca de 5,5 mil anos atrás. Armas específicas e ferramentas surgiram, com frequência, no vocabulário peniano, sendo "espada" tão popular por toda parte quanto foi na Roma Antiga – Shakespeare empregou esse termo, assim como peixe-espada, lança, pistola e alabarda. Com o progresso das armas, a denominação do pênis acompanhou a evolução de armamentos cada vez mais potentes, incluindo, em anos recentes, torpedo, bazuca e foguete.

Pondo de lado toda essa criatividade mental, permanecem como palavras mais comumente usadas em inglês para o pênis: pau, pica – e os genéricos ferramenta e arma –, assim como seus equivalentes em outras línguas, com bolas e nozes (*nuts*, abreviatura do neologismo do século XVII, *nutmegs*) para os serviçais testículos. Os britânicos seguem tendo preferência por *bollocks, knackers* (verbo da Idade Média que significa castrar, o que talvez não seja a melhor das associações), *cobblers* (sapateiros), mais gírias *cockneys* com rima, derivadas de *cobbler's awls* (ponteiras para furar o couro), e, puxando da memória para os tempos coloniais na Índia, *goolies* (de uma palavra hindi para qualquer objeto redondo). A preferência americana para testículos é *rocks* (rochas), pressupondo que as pedras não são grandes o suficiente para um país em que tudo precisa ser o maior.

Assim como alguns acreditam em leitura de face, frenologia (estudo do crânio), quiromancia (linhas das mãos) e podomancia (leitura dos pés), há quem acredite que o estudo complementar de falomancia (formato do falo), uma longa tradição na Índia e Tibete, pode adivinhar o caráter de um homem e sua sorte. Os tibetanos acreditam que ser superdotado não traz sorte para um homem: caso o pênis atinja o final do calcanhar quando agachado, sua vida será cheia de tristeza; todavia, caso seu pênis não seja mais longo do que seis vezes a largura de um dedo, ele será rico e bom marido. Hindus têm crenças similares, reveladas no *Brihat Samhita*, um tratado astrológico sânscrito escrito no século VI. Os homens superdotados não terão filhos e serão pobres; o homem cujo pênis é reto, pequeno e sólido será rico, como também aquele cuja cabeça do pênis não é muito larga. O homem cujo pênis se inclina para a esquerda é outro que sempre viverá na pobreza, assim como o homem cuja cabeça do pênis tem uma depressão no meio – esse homem será pai só de mulheres. De acordo com o *Brihat Samhita*, o homem de testículos perfeitamente simétricos será um rei. A compensação para homens com assimetria é que eles vão gostar de sexo. A questão no caso de homens não tibetanos e não hindus que têm testículos assimétricos e gosto por sexo é por que eles acham que pode haver algo na falomancia na base da última leitura, apesar de desprezar tudo o mais como bobagem oriental.

QUESTÕES DE TAMANHO

Quão grande é grande? Quão pequeno é pequeno? Qual é a média? Onde você se encaixa? Há 600 anos, quando Vatsyayana compilou o *Kama Sutra*, o mais antigo manual de sexo do mundo, baseado em textos que já existiam há 800 anos e classificou os homens de acordo com o tamanho de seus pênis (*lingam*) eretos. Lebres equivaliam à largura de seis dedos; touros, oito dedos; garanhões, doze, com variação entre 11,4 cm e 23 cm, ou 15 cm e 30 cm, dependendo do tamanho da mão – um detalhe que Vatsyayana omitiu, embora a maioria dos asiáticos tenha ossatura pequena, assim como as mãos.

Tal imprecisão não servia para quem vivia na era vitoriana. Eles não foram os primeiros a tentar uma análise científica da sexualidade humana, mas foram os primeiros a adotar uma base estatística e empírica, conduzidos pela expansão do conhecimento e pela nova disciplina da psicanálise. Nada mais natural do que o pênis, e seu respectivo tamanho, principalmente ereto, fosse central nesse estudo. Dr. Robert Letou

Dickinson levou a vida toda fazendo centenas de desenhos da vida real que mostravam pênis em repouso e eretos (publicados no *Atlas of Human Sex Anatomy* somente em 1949, quando tinha 88 anos). Uma ereção incluída por ele era de 34,2 cm de comprimento e 15,7 cm de circunferência, a maior dos registros médicos de todos os tempos. Em anos recentes, um associado de um clube nova-iorquino, Jonah Falcon, mostrou a diversos jornalistas que o dele era igual, nas duas dimensões, para que não houvesse dúvidas, com verificação médica ou não.

A ficção erótica está repleta de pênis de tal estatura. Em *Fanny Hill*, o romance erótico mais conhecido em inglês (que John Cleland escreveu há 250 anos para conseguir sair da prisão por dívida), a heroína homônima encontra órgãos "do tamanho do meu pulso e três vezes o meu punho de comprimento", "um mastro de padrão tão enorme, que, observadas as proporções, deveria ter pertencido a um jovem gigante"; e, ainda mais impressionante, um "cuja enorme cabeça parecia, na coloração e no tamanho, com um coração de carneiro: você poderia jogar dados nele, em toda a sua larga extensão". Mas a vasta maioria desses apêndices dos homens são menores.

Após a Segunda Guerra Mundial, Alfred Kinsey conduziu 1,8 mil exaustivas entrevistas com homens e reuniu dados de um total de 3,5 mil deles, antes de afirmar, no livro *Sexual Behavior in The Human Male*, publicado em 1948, que a média dos pênis eretos era de 15,7 cm, com "a maioria dos indivíduos na faixa de 12,2 cm a 21,6 cm", sendo apenas em "casos extremos, mais longos ou mais curtos". De fato, a ereção mais curta que Kinsey encontrou foi de 2,5 cm e a mais longa, de 26,7 cm. A ereção com a menor circunferência foi de 5,7 cm e a maior, acima de 20 cm, com uma média de 12 cm.

Kinsey era professor de zoologia na Indiana University, com uma reputação mundial por seu estudo de vespas agressivas. Só quando a universidade lançou um curso de sexualidade no matrimônio e solicitou que ele fosse professor é que voltou-se para a pesquisa sobre o sexo, e mais tarde fundou seu famoso instituto. Uma estudante ficou tão entusiasmada com os slides e gráficos mostrados que escreveu: "Para mim, o comportamento do pênis já era admiravelmente inspirador; agora, me parece ainda mais maravilhoso". Outra estudante do sexo feminino não estava tão entusiasmada. Quando, um dia, Kinsey interrompeu uma leitura e perguntou para ela que órgão do corpo humano era capaz da maior expansão, ela ficou vermelha. "Professor Kinsey, o senhor não tem o direito de me fazer essa pergunta", disse. Kinsey respondeu: "Eu estava pensando no olho – na íris do olho. E você, jovem senhora, está a caminho de uma grande decepção".

Apesar da volumosa quantidade de dados que Kinsey compilou, ainda não havia informação acurada sobre a fisiologia do sexo até que a dupla William Masters e Virginia Johnson, marido e mulher, seguindo a mesma trilha, conduziu pesquisas empíricas durante 11 anos. Kinsey, na maioria dos trabalhos, extrapolava os dados obtidos nos questionários. Nos anos 1960, mais permissivos, Masters e Johnson fixaram eletrodos em cerca de 700 homens e mulheres e filmaram-nos em atividade sexual. Além de confirmarem os resultados de Kinsey sobre as dimensões do pênis, Masters e Johnson também fizeram os homens com pênis menores – quando flácidos – sentirem-se bem melhor a respeito de si próprios, porque notaram algo que Kinsey não tinha registrado: quanto menor o órgão, maior o seu crescimento proporcional durante a ereção.

O pênis médio quando flácido, disseram Masters e Johnson, tinha entre 7,6 cm e 12,7 cm. Em suas pesquisas, eles compararam um grupo de homens da faixa mais baixa dessa escala com um grupo situado na faixa superior. Enquanto os últimos, em ereção, tinham o comprimento aumentado em menos de 7,6 cm (um deles, com comprimento de 11,4 cm, aumentou apenas 5 cm), os menores quase dobraram (um pênis de 7,6 cm aumentou 8,4 cm). O pênis de um participante que quando flácido nem aparecia – o tipo de pênis que Fanny Hill descrevia como "tão escasso ao mostrar sua ponta acima da camada dos crespos pelos púbicos que cobrem essa parte, como uma perdiz pondo a cabeça para fora do capim – "aumentou até proporções normais". A importante conclusão de Masters e Johnson foi a de que a ereção é o "grande equalizador"; os pênis em repouso variam consideravelmente de tamanho, mas há uma tendência a se igualarem quando chega a hora do alerta vermelho.

Outra maneira de encarar a questão: não há correlação entre os tamanhos dos pênis flácidos e eretos, assim como não há correlação entre a ereção e a compleição dos ossos, o que Masters e Johnson demonstraram. Da mesma forma não existe ligação entre a ereção e o tamanho das mãos, narizes ou pés, como outros demonstraram, embora os mitos populares sigam afirmando o oposto, às vezes na proporção inversa. É verdade que os genes Hox, que controlam o crescimento inicial dos genitais nos fetos do homem (e da mulher), determinam também o dos pés e das mãos, mas o tamanho e formato das mãos, pés e genitais são de fato influenciados por muitos genes. Um homem de compleição grande pode ter um nariz grande, pés grandes e mãos como as de um lutador agressivo, que bate com as mãos nuas, e, ainda assim, possuir um pênis pequeno. Há uma tênue ligação entre o comprimento e a circunferência de um pênis ereto, mas é provável que os homens tenham um pênis mais fino (de forma relativa) do que um (relativo) pênis grosso, e todo tipo de combinações de comprimento e circunferência, sendo que os pênis de excepcional comprimento raramente têm excepcional circunferência. Correndo o risco de dizer o óbvio, o tamanho do pênis, como todas as características genéticas, é hereditário, mas não necessariamente. Há todas as razões biológicas para acreditar no pai do ator Ewan McGregor, que, após o impressionante apêndice exibido pelo filho longamente no filme *The Pillow Book*, enviou-lhe uma mensagem por fax, com os dizeres: "Feliz de ver que você herdou um dos meus mais importantes atributos".

VARIAÇÕES RACIAIS

Os dados de Kinsey foram coletados exclusivamente de americanos brancos. O fato de não haver negros na amostra é resultado do clima social e político de seu tempo: a América do pós-guerra ainda era um país de segregação racial. Se tivesse incorporado dados de afro-americanos, ele certamente não teria condições de fazer comparações raciais que permitissem alguma interpretação da ascendência negra. Mesmo um quarto de século depois, Beth Day, ao escrever *Sexual Life between Blacks and Whites*, ficava apreensiva ao apresentar o assunto. Ao perceber que os estudos comparando tamanhos de pênis eram poucos e inconclusivos, ela não foi além de citar os achados de Masters e Johnson a respeito da tendência dos pênis maiores aumentarem menos na ereção, ao concluir: "Considerando essa aparente equalização, a maior diferença no tamanho de genitais de grupos de homens negros e brancos é, portanto, psicológica".

A questão negroides/caucasianos se mantém através dos tempos. No século II, Galeno, médico de três imperadores romanos e padrão de autoridade médica até o Iluminismo, escreveu que o homem negro "tem pênis longo e grande prazer". Entre os séculos XVII e XIX, os europeus, ao chegarem ao continente africano, ficaram chocados com os "grandes Propagadores" dos nativos, que o cirurgião do exército francês e antropólogo Nacob Sutor considerou como resultantes da circuncisão, sendo o prepúcio, conforme concluiu, uma espécie de touca compressora. Em 1708, o cirurgião inglês Charles White escreveu: "que o PÊNIS (em maiúsculas) de um africano, maior do que o de um europeu é algo que, acredito, tem sido mostrado em todas as escolas de anatomia de Londres. Amostras são preservadas na maioria dos museus de anatomia, e eu também tenho uma no meu". Richard Jobson, caçador de tesouros ao longo do rio Gâmbia, na África Ocidental, escreveu que a etnia dos mandingo tem "detentores de membros tão grandes a ponto de causarem incômodo para eles". Outros recordam as "máquinas terríveis", de até 30 cm de comprimento, uma medida tão grande que, no início do século XX, fez o cônsul britânico Sir Roger Casement, homossexual, tremer de excitação quando estava no Peru. Casement (que se converteu ao movimento nacionalista irlandês e foi enforcado por traição em 1916), escreveu em seus *Black Diaries,* reprimidos até 1956: "Vi um jovem soldado peruano, negro, saindo do quartel com uma ereção sob as calças brancas – ia até a metade dos joelhos! Trinta centímetros e meio de comprimento, bem medidos".

Evidências de natureza mais clínica foram publicadas em 1935 no tratado *L'Ethnologie du Sens Genitale,* mas foi somente 30 anos depois que Kinsey estabeleceu a ideia do pênis negroide (assim como fez Latou Dickinson, em 1949, em seu *Atlas of Human Sex Anatomy,* que continha centenas de desenhos de pênis, mas nenhum deles negro), que o Instituto Kinsey, até hoje a maior autoridade na área, sentiu-se seguro para distribuir material abordando o tema preto/branco.

O estudo – que coincidentemente rebaixou a ereção não negra de 15,7 cm para 15,4 cm – indicava que, em contrapartida, a ereção negra era mais longa (16,2 cm) e mais grossa (12,4 cm contra 12,3 cm), e que quase o dobro dos negros (13,6%) passava da barreira de 17,8 cm em relação aos brancos (7,5%). Mas a conclusão básica do Instituto, que não foi exatamente uma surpresa, estava longe de ser chamada de definitiva: enquanto nessa época (1979), havia 10 mil homens na lista básica, apenas 400 deles eram negros. Compreensivamente, o Instituto enfatizou que essas comparações requeriam cuidado. Uma década mais tarde, contudo, e sob nenhuma restrição "politicamente correta", John Philippe Rushton e A.F. Bogaert, quando contribuíram para um artigo no *Journal Research Personality*, denominado "*Race Difference in Sexual Behaviour: Testing an Evolutionary Hyphotesis*", depois de calcularem a média etnográfica de todas as fontes disponíveis, concluíram que as ereções dos caucasianos tinham de 14 cm a 15,2 cm de comprimento e 12 cm na circunferência, e a dos negros, de 16 cm a 20 cm, com 15,7 cm na circunferência – enquanto os "orientais" tinham de 10 cm a 14 cm, com 9 cm na circunferência. Dados dos homens mestiços nas Índias Ocidentais Francesas indicaram que o tamanho do pênis aumentava proporcionalmente à quantidade de sangue negro. Por uma década, as extrapolações de Rushton e Bogaert foram definitivas o suficiente para que todo mundo, até a chegada da Internet, fizesse mais estudos detalhados. Duas significativas pesquisas *on-line* foram lançadas nos anos 1990 – uma feita pelos fabricantes dos preservativos

Durex (cujo interesse era a incidência de falhas e rompimentos), e outra, *Definitive Penis Survey* (que apesar do título audacioso, foi considerada pela Durex como uma fonte séria de pesquisa), pelo médico pesquisador Richard Edwards. Ambos se antecipararam na análise das informações que reuniram sob o ponto de vista da etnia, mas nenhum dos dois foi capaz: poucos dos mais de 3 mil participantes atraídos por cada site não eram brancos. Todavia, a *Definitive Penis Survey* ainda tentou tirar conclusões. Extraordinário é que uma delas tenha sido a de que a média das ereções dos brancos eram maiores (16,5 cm) do que as dos negros (15,4 cm). Contrariando essa afirmação, contudo, estava a informação de que os dados de Kinsey relativos aos brancos indicavam que 3 homens em 100 têm uma ereção inferior a 12,7 cm. O número de homens negros nessa categoria não é estatisticamente mensurável, embora, sem dúvida, eles existam: a lei das médias não pode ser contestada.

"Cerca de uma dúzia de negros da floresta com quem andei eram perfeitamente normais nesse departamento..., apenas dois tinham órgãos pendurados, pareciam tâmias[4]", comenta o cáustico – e racista – personagem de Gore Vidal, o protagonista transexual de sua obra *Myra Breckinridge*. Apesar de sugerir que, em uma amostragem ao acaso de uma dúzia de homens negros, nenhum deles estaria acima da média, e dois ficariam abaixo. Estatisticamente, essa declaração não faz sentido. É claro que muitos homens negros estão na média registrada, e o chef de cozinha dos programas de TV Ainsley Harriot é um dos que se alegram de dizer isso. Mais ou menos há uma década, depois de fazer um *strip-tease* total para uma campanha de caridade chamada "Crianças Necessitadas", um jornalista observou que ele não era exatamente um Lynford Christie[5] no quesito tamanho (ver na Parte 2, Capítulo 4, *Simples acessório ou parte muito importante?*), ao que Harriot retru-

---

[4] N. do T.: No original, *chipmunk*, um pequeno esquilo marrom com listras brancas e pretas do meio das costas.

[5] N. da E.: Atleta olímpico negro, especialista na prova de 100 metros. Nascido na Jamaica, representou o Reino Unido e foi campeão olímpico da prova na Olimpíada de 1992.

cou amigavelmente: "Não tenho 28 anos, nem barriga de tanquinho. Tenho 41 anos, e dois filhos. Mas fico feliz ao pensar que os músculos do meu peito não estão tão mal".

O que não está em discussão nas pesquisas mais importantes é que o pênis negro, quando flácido, é mais visível do que o branco – o Instituto Kinsey considera valores de 10,9 cm de comprimento e 9,4 cm de circunferência, contra 9,6 cm e 7,8 cm. A teoria a respeito dessa diferença relativa é que, enquanto os pênis de homens de climas mais frios ficam mais tempo colados ao corpo, aproveitando o calor, os pênis de homens de clima quente simplesmente ficam pendurados – "longos como chicotes", pensa Harry Angstrom, o herói epônimo do quarteto dos romances *Rabbit,* de John Updike (nos quais o pênis negro também ganha de forma desproporcional de seu similar). A teoria do quente-frio parece ter nascido de um projeto de pesquisa que coloca os homens afrodescendentes mais próximos da norma estatística americana do que de homens do Caribe. Em contraposição, os asiáticos que procedem de climas quentes não se beneficiam disso.

As estatísticas mostram que os pênis dos habitantes do Oriente, do Sudeste da Ásia e do subcontinente indiano são menores do que a média mundial; de acordo com os dados existentes e muita evidência prática, um pênis asiático grande é excepcional. Investigando o tamanho dos pênis asiáticos, o escritor L. T. Goto, asiático de Los Angeles, encontrou um nipo-americano que, em ereção, exibia um pênis de 17,8 cm, algo tão raro etnicamente, que lhe trouxe "notoriedade instantânea, depois de namorar uma pessoa da comunidade asiático-americana de Los Angeles". A *Definitive Penis Survey* (que parece estar moribunda desde 2002) não atraiu o interesse dos asiáticos, que tinham mais o que fazer do que ficar medindo seus apêndices. A observação etnográfica que a pesquisa Durex deu-se ao direito de fazer é que os pênis eretos dos homens do Oriente chegam a ser 20 mm menores em comprimento e circunferência que os dos brancos – embora resultados de outras pesquisas mostrem, sem dúvida, que esta última foi muito generosa para com os indochineses[C].

Por mais que muitos vejam as variações étnicas do tamanho do pênis como apenas mais uma diversidade racial, há alguns que negam que essas variações existam por esse motivo. O tópico teve muita exposição em meados de 1990, com a publicação de *Race, Evolution and Behaviour*, de autoria de Rushton. Nesse trabalho de biologia especulativa, o professor da University of Western Ontario, agraciado com a bolsa de estudos Guggenheim e com dois doutorados da University of London, utilizou mais de 60 variáveis em um estudo comparativo de asiáticos, brancos e negros. Nos resultados, incluindo tamanho do cérebro e inteligência, deduziu que os três grupos sempre se classificam nessa ordem. Não foi isso que o desacreditou, mas sua conclusão de que existe uma correlação entre o tamanho dos órgãos genitais e os reflexivos– que os asiáticos teriam órgãos genitais pequenos e grande inteligência, que os negros são o oposto, e que, a partir de todos os outros parâmetros comparativos, os brancos ocupam as posições intermediárias. A maioria dos críticos concluiu que Rushton saiu de sua linha central de raciocínio ao concluir que o valor sociobiológico do conjunto cérebro grande e pênis pequeno, por mais popular que seja, não seria mais votado do que a opção contrária, que seria escolhida pelo menos por alguns homens de variados lugares – incluindo, pode estar certo, muitos asiáticos.

Nas décadas seguintes à morte de Rushton, o Instituto Kinsey seguiu reunindo e confrontando informações sobre pênis, extrapolando a partir de diversas fontes, incluindo outras pesquisas a que se dedicou (mais recentemente, a resposta sexual psicofisiológica dos homens, e o trabalho de urologistas envolvidos na área relativamente nova da faloplastia para aumento do órgão (ver Parte 3, Capítulo 3, *Procurando Soluções Desesperadamente*). Houve um recuo na abordagem étnica. O site do Instituto, mostrando sensibilidade, segundo alguns, não fornece nem um dado para a média mundial de ereções, preferindo declarar que ela está entre 12,7 cm e 17,8 cm, com uma circunferência de 10 cm a 15,2 cm – assim, as medidas originais dos fundadores da Pátria não chegaram a ser anuladas pelos extremos de alta dos negros, e de baixa, dos asiáticos.

TAMANHO É DOCUMENTO?

A importância do tamanho do pênis entra cedo no imaginário dos homens. Quando um menino muito pequeno fica cara-a-cara (talvez literalmente) com um pênis de adulto, ele não acredita que aquele pedacinho de carne que possui pendurado tenha alguma relação com algo que parece com o Gruffalo[6]. Será que esse encontro, imagina Alexander Waugh (*Fathers and Sons*), diminui ou aumenta a confiança do menino em relação ao sexo? Quando ele flagrou o jovem filho de pé, sobre um balde, do lado de fora de sua janela, para dar uma olhada rápida nas suas "zonas privadas", Waugh compôs um verso que fez seu filho memorizar. Segue uma parte:

> *Ele é apenas um tolo medroso*
> *Que sonha com a ferramenta paterna*
> *Ou escala e espreita e tenta espiar*
> *O que está lá na braguilha do pai.*

Mas o menino precisa *saber*. Ele descobre por acidente, ou por sorte, e quando entende que o dele também vai ficar daquele jeito, mal pode esperar, assim como Portnoy, que quer trocar aquele seu minúsculo pênis por algo que o iguale ao "*schlong*" de seu pai, que

> traz à mente mangueiras de incêndio enroladas pelos corredores da escola. Schlong: essa palavra de certa forma capta exatamente a brutalidade dessa matéria que eu tanto admiro, a pura irracionalidade daquele objeto vivo, um pedaço de mangueira pendurado.
> (*O Complexo de Portnoy*, Philip Roth).

---

[6] N. do T.: Personagem da literatura infantil inglesa, também popular como filme.

A preocupação de que seu pênis não o transforme em sua versão alfa é excruciante para a maioria dos machos no início da puberdade, ainda meio tontos com sua carga de hormônios, situação bem descrita nessa confissão de um colaborador da revista *Cosmopolitan*:

> *O ano era 1984. Eu tinha 12 anos. Um dia, alguns dos meus companheiros da mesma idade e eu estávamos no vestiário quando entrou um jogador de rúgbi, mais velho, cujo nome vai permanecer na obscuridade. Ele tirou a roupa e se dirigiu ao chuveiro, quando reparou em alguns jovens, na puberdade, que o encaravam, vermelhos e boquiabertos. Virou-se para nós e disse: "Qual é o problema, garotos? Vocês nunca viram, até agora, um pau de 46 cm balançando de um lado para o outro?". Vamos dizer que não existe mulher nenhuma capaz de me fazer senti-lo tão pequeno.*

O final da história é que poucos machos quando crescem e adquirem estatura de homens libertam-se inteiramente das preocupações com o tamanho do pênis, conforme Alex Comfort destacou em *The Joy of Sex*, algo que parece estar "biologicamente embutido" neles. O antropólogo Jared Diamond, quando professor de fisiologia da University of California, rotulou isso de "uma obsessão". Mesmo assim, parece que enquanto durante séculos o propósito era ter a coisa "grande", entre os antigos gregos era o inverso. A predileção pelo pênis em Atenas ia para os pequenos e firmes (nas peças de Aristófanes, diminutivos como *posthion, pequeno pinto*, eram expressões de afeto, sendo os pênis grandes considerados feios, indelicados e próprios (os atenienses diziam) dos bárbaros. Em sua própria mitologia, eram chamados de *sátiros*, ou cômicos de pantomima, embora daí se origine o nosso vocábulo "sátira", mais sutil. "As piadas a respeito de homens bem dotados contadas nas reuniões só de homens", escreveu Eva Keuls (*Reign of the Phallus*), "não seriam entendidas pelos atenienses". Os romanos, todavia, pensavam no homem moderno de forma um pouco diferente, com predileção por pênis grandes – generais romanos às vezes promoviam homens com base na generosidade do seu adendo genital. "Se, de dentro das termas você ouvir uma salva de palmas", escreveu Marcus Martialis, "é provável que a causa seja a grande pica do Maron." Assim como os homens modernos, os romanos tiravam sarro de quem estivesse bem abaixo da média, conforme disse o poeta Catulo, a respeito de um colega "cuja pequena adaga, mais pendurada que um bife macio, nunca reagiu, nem se levantou até o meio de sua túnica" – zombaria que encontra eco 2 mil anos depois em um artigo de revista de um jornalista que foi cobrir uma reunião de nudistas, ao observar "uma coisinha pequena e envergonhada, uma porção de molusco enfeitado da *nouvelle cuisine*", o que o fez pensar que "se fosse meu, eu estaria em casa, em um quarto escuro, às voltas com pesos e medidas".

Discretamente, ao longo dos tempos, os homens competiram entre si com seus pênis. Se antecessores mais distantes batiam seus pênis na barriga para desencorajar os oponentes, ou balançavam-nos na cara de seus inferiores, como certas espécies de primatas seguem fazendo, os homens mantiveram a prática apenas de forma figurativa – na arte japonesa, caracterizada por um imenso exagero na representação dos órgãos sexuais, os homens se servem deles para duelar. O político americano Walter Mondale disse uma vez, após um desentendimento com Bush pai, "George Bush não é macho o suficiente para pedir desculpas", ao que Bush foi obrigado a retorquir, "Bem, quanto a ser macho, colocarei o meu contra o dele a qualquer momento" – parecendo Grumio em *The Taming of the Shrew*, que responde ao insulto de Curtis a respeito de seu apêndice, dizendo, "Terei apenas 7,5 cm? Porque, se o seu instrumento tem 30 cm (de comprimento), considero-o de tamanho mínimo". Nenhum homem quer ser enquadrado naquilo que Shakespeare denominava "um tolo de 7,5 cm", uma verdade que não se perdeu em uma campanha de uma agência de publicidade em Tel Aviv, que, em 1994, desenvolveu uma série de cartazes dirigida aos notórios maus motoristas da cidade: "Pesquisa prova que motoristas agressivos têm pênis pequenos." Não é à toa que muitos possuidores de pênis têm compulsão de dar uma ajeitada em seu órgão, no vestiário, quando outros homens estão em volta – o que Alan Bates e Oliver Reed admitiram ter feito antes de filmarem, nus, a cena de luta em *Women in Love,* para ter certeza de que a aparência seria a melhor possível.

Isso leva ao que Rosalind Miles descreve em *The Rites of Man: Love, Sex and Death in the Making of the Male* como "um hábito para toda a vida, de observar o pau dos outros, disfarçando. Em banheiros públicos, banhos de piscina, ginásios, mesmo no balé (homens) sempre estarão checando o oponente".

Verdade ou mentira? Em uma de suas muitas pesquisas sobre sexo, a revista *Cosmopolitan* perguntava aos homens se eles "secretamente checavam os equipamentos de outros homens" no mictório público; também queria saber se eles preferiam ter um pênis de 7,5 cm e ganhar 100 mil libras por ano, ou ter um pênis de 25 cm e ganhar 10 mil libras. Essa pesquisa era, claro, essencialmente frívola, e sem dúvida atraiu sua cota de respostas igualmente frívolas. Não obstante, elas foram reveladoras. Para a questão um, 82% respondeu "às vezes" e 2%, "sempre", quando, na prática, a ordem inversa é que talvez fosse a resposta certa – o instinto de dar uma olhadinha é tão poderoso que muitos homens fazem isso sem se dar conta; e muitos dos que não fazem resistem conscientemente a seu instinto só porque não querem romper a etiqueta social – exceto, talvez, em clubes *gays*.

> "Esperando na luz chapada do lavatório, ele sentiu um toque de solidão, e pensou onde estaria Danny. Todo mundo estava ocupado nesse vestiário, pares de homens na fila para os armários, outros em shorts, ou em jeans furados, acompanhando a música com a cabeça, concentrados em seu

> *mundo interior. Um cara de uniforme tentou seduzi-lo a compartilhar sua cabine no banheiro – Alex espiou por cima de seu ombro e viu um pau curvo urinando em espasmos intermitentes. Então desabotoou o seu, e deixou escorregá-lo para a mão e... ali estava o próprio, tão encolhido que ele o escondeu da visão do amigo, que disse, 'Tudo bem, para quem puxou fumo, mas você consegue, basta dar uma olhada em nós', disse, enquanto mexia no seu pau com vontade, e encarava, encarava. (The Spell, Alan Hollinghurst).*

"Quase todo o macho parece invejar o pênis de alguém", escreveu Dr. Bernie Zilbergeld em *The New Male Sexuality*. Woody Allen também chegou lá no filme *Zelig*, de 1983, com a sacada: "Trabalhei com Freud em Viena. Separamo-nos devido à inveja peniana. Ele achava que era um conceito limitado às mulheres".

Para voltar à questão cósmica sobre o tamanho do pênis e a recompensa em dinheiro, houve gente que tentou aderir à "resposta certa" (para parecer maduro). Como resultado, 42% adotaram como resposta a versão "inapropriada" para a segunda questão – poderosa indicação, alguém pode concluir, de quão irresistível é o desejo masculino de ter um pênis de tamanho maior do que a média, apesar do prejuízo financeiro.

Não admira que a *Forum*, a revista internacional de relacionamento sexual, acredita ter impresso "mais páginas a respeito de pênis do que de qualquer outra parte do corpo, masculino ou feminino"(não é surpresa que vários artigos sobre o assunto ao longo dos anos tenham tido como título "O Melhor Amigo do Homem"); assim como a mais frequente questão em todos os sites de perguntas e respostas sobre sexo da rede continua a ser "o tamanho é importante?". Pode-se baixar da rede um quadro, com quatro desenhos de silhuetas (de "pequeno para médio até extraordinariamente grande"), que o homem pode usar como gabarito para avaliar seus próprios dotes.

Para um homem situado dentro da média, não adianta saber que ele está estatisticamente no mesmo grupo de 90% de seus pares. Mesmo o mais equilibrado dos homens é capaz de acreditar que é apenas meio-dotado – a pesquisa *Hunt*, feita para a *Playboy* na década de 1970, indicou que mais de dois terços dos homens acreditavam que "alguma coisa a mais dentro dos seus shorts faria a diferença" e a "maioria" dos 7 mil homens entrevistados por Shere Hite para o *Hite Report on Male Sexuality* "desejariam que seus membros fossem mais compridos".

Muitos homens americanos, de acordo com o Relatório Kinsey, acreditam que a ereção média é de 25 cm – apesar (ou talvez por isso mesmo) de estarem sempre acessando pornografia na internet, na qual os participantes têm seus pelos púbicos raspados para aumentar a visibilidade, além de muitos utilizarem um dispositivo vascular para aumentar o volume temporariamente.

Se alguns poucos homens dizem *não* para a hipótese de ter pênis maiores, a maioria está descontente com o que tem e busca meios de aumentá-lo. Sempre houve caminhos e formas para atingir o objetivo. O mais antigo guia sexual do mundo, o *Kama Sutra*, aconselha o homem a aplicar os pelos de um inseto venenoso de uma certa árvore, por dez noites, e dormir com a face para baixo, em cama de madeira, deixando o sexo pendurado através de um furo – o incremento resultante seria para a vida toda.

Hoje, o canto de sereia da Internet oferece uma série de preparados para a mesma finalidade. Ao longo dos tempos, e em diversas culturas, alguns homens penduraram pesos ou conectaram esticadores ao pênis; os sites oferecem de tudo, de um simples elástico fixado em torno da cabeça do pênis e preso a uma outra banda em torno da coxa, até engenhocas elaboradas com anéis, varas e barras tensionadas. Outros sites promovem as centenárias técnicas árabe-sudanesas do *jelq*, uma operação diária de movimentar o pênis até a ereção, da base para a ponta, mas parando pouco antes da ejaculação, recomeçando o processo várias vezes (famílias ricas costumavam mandar seus filhos para um *mehbil*, ou clube atlético, deixando o serviço para uma atendente, poupando-os do inconveniente de ter de fazer eles mesmos). "Ganhe 7,5 cm", dizem os e-mails não solicitados que invadem milhões de caixas de entrada todo dia, alardeando as qualidades de pomadas e emplastros para tal finalidade.

A partir do início dos anos 1990, a cirurgia plástica passou a ser a nova atração. Nela, um pênis pode ser engrossado por implante de material gorduroso extraído de outras partes do corpo (usualmente das nádegas), inserido sob a pele; e pode ser alongado, ao cortar-se o freio que o liga à área púbica. Mas a faloplastia ainda está em estágio inicial, e as associações profissionais evitam esse procedimento porque os resultados podem ser inferiores ao esperado. O corpo naturalmente reabsorve a gordura. Quando isso ocorre, o que não é absorvido pode gerar nódulos e caroços; mesmo que isso não aconteça, muitos homens consideram que a gordura do transplante faz com que a ereção passe a sensação de ter o pênis envolvido num tecido almofadado. E um membro alongado por desligamento do freio parece se originar no escroto, em vez de ser na parede abdominal – com sorte ele vai levantar a meio-mastro; de fato, algumas ereções pós-cirurgia apontam para o chão. No pior dos cenários, alguns homens reportaram que, na ereção, seus pênis enrolaram como uma mangueira solta no chão. Pode haver deformação e dor – e à cicatriz resultante tem sido atribuída uma retração do pênis, que acaba menor do que era antes, uma situação tão chocante que, em uma ação em um tribunal inglês, um advogado comparou o estado de seu cliente a um estresse emocional pós-traumático.

Uma preocupação considerável atingiu milhares de homens que fizeram a operação de alongamento na Tailândia em 1993, após a publicação, pelo *Bangkok Post*, de que cirurgiões inescrupulosos injetavam uma mistura de azeite de oliva, giz e outros ingredientes nos pênis de seus clientes, para atingir os resultados desejados; o hospital Chiang Mai descobriu pênis contendo até partículas da lista telefônica de Bangcoc. Muitos homens, em particular no Sudoeste da Ásia e no Japão, mas também nos EUA e Reino Unido, adotaram um procedimento de aumento de tamanho, autoinjetando-se vaselina, parafina e outros óleos – com resultados calamitosos: sérias infecções, gangrena (levando em alguns casos à amputação) ou disfunção erétil. Em 2002, um cliente de 31 anos procurou o Institute of Urology and Nephrology em Londres para tratamento de uma grave ocorrência, com ulceração, após usar, para alongar o membro, uma motolia pneumática de alta pressão, indicada para engraxar máquinas.

Ainda assim, apesar dos perigos potenciais, dezenas de milhares de homens de todo o mundo submeteram-se à cirurgia. Nove entre dez deles tinham dimensões dentro ou acima da média, e os perfis psicológicos indicavam que poucos tinham alguma necessidade psicológica de fazer o procedimento, o que fala por si quanto ao significado que alguns homens dão ao tamanho. Como as mulheres que fazem implantes nos seios, eles precisam é impressionar não outras mulheres, mas homens, mesmo se o aumento seja apenas de uma polegada, no máximo, no estado flácido, e nada que seja notável se ele estiver excitado. Assim como mulheres que voltam para fazer implantes ainda maiores, há homens que retornam para alongar ainda mais. Um cirurgião desistiu da prática cosmética em relação ao pênis depois que um novo paciente, que já havia feito quatro operações com outros médicos, chegou até ele para uma quinta operação, apresentando ao exame um pênis largo e longo – "um pau", disse o cirurgião, "como uma lata de cerveja".

De acordo com Masters e Johnson, os homens são tão inseguros com relação a seus pênis que a maioria, em algum período de sua vida, pode ter sentimentos de inadequação – síndrome de comprimento conhecido como disformia do corpo, comum em quem faz musculação. Quem tem disformia, assim como o anoréxico, olha para o espelho e vê uma imagem distorcida: um corpo, ou alguma parte do corpo, que não parece ser como de fato é. Na aflição da disformia peniana, os homens são bem capazes de acreditar que o apêndice de 54 cm que o modelo de revista pornográfica Long Dong Silver, ou Mr. Torpedo, alegava possuir, e o de 38 cm de Dirk Diggler, no filme *Boogie Nights*, não tenham sido confeccionados em látex. Scott Fitzgerald teve, certa vez, uma crise temporária, porém aguda, em Paris, em 1920, quando convidou o colega romancista Ernest Hemingway para almoçar, com um assunto sério a tratar. Mas Fitzgerald ficou nervoso e evitou tocar no assunto que tanto o afligia. Finalmente, no final do almoço, ele deixou escapar que se tratava de "uma questão de medidas". Zelda, sua mulher, dissera que ele nunca poderia fazer nenhuma mulher feliz, pelo "jeito com que a natureza o criara".

Fitzgerald, que nunca tinha dormido com outra mulher, não sabia se o que ela havia dito era verdade. Como escreveu em *A Moveable Feast*, o caderno de anotações de Paris publicado após a sua morte, Hemingway levou Fitzgerald até o banheiro e assegurou a ele, após examiná-lo, de que era normal, e aconselhou-o a dar uma olhada nas estátuas do Louvre. Fitzgerald não se convenceu, mesmo depois que Hemingway o arrastou para o museu para ver por si mesmo.

Quarenta anos depois, então alcoólatra impotente, com seus fluidos criativos já secos, Hemingway estourou os miolos. E se foi bom o jeito como ele passou segurança a Fitzgerald, o seu próprio caso pode ser posto em dúvida, após o seu amigo e colega romancista Sydney Franklin ter dito: "Eu sempre pensei que o problema dele era preocupação com o seu pincha (pênis)... do tamanho de uma munição 30/30 – ou de um dedo mínimo". O estilo de vida ligado a touradas e caça de animais de grande porte parece ter sido uma compensação por ser subdotado.

Para alguns dos 3 homens em cada 100 que são subdotados (quer dizer, abaixo da média de ereção de 12,7 cm a 18 cm) – e um homem em cada 100 suficientemente sem sorte para sofrer de algo que a atividade médica denomina, com falta de sensibilidade, de "micropênis", ou seja, um pênis que tem menos de 6,3 cm – o resultado é um sentimento de inadequação, de profundo desespero, que domina suas vidas. O príncipe Camilo Borghese, segundo marido da irmã de Napoleão Bonaparte, Pauline, de vida devassa, deixou a corte francesa após ser dispensado por ser *si drôlement petit*. O ator Montgomery Clift não era torturado apenas por sua homossexualidade, mas por ter um pênis que lhe trouxe o nada edificante apelido de "*Princess Tinymeat*". Só alguém tão compulsivamente confessional como o pintor impressionista Salvador Dalí poderia ter tornado pública a sua falta de tamanho. Em *Unspeakable Confessions*, ele escreveu:

> *Nu, e comparado aos meus colegas de escola, descobri que meu pênis era pequeno, digno de pena e mole. Me lembro de um romance pornográfico em que Don Juan metralha os genitais femininos com prazer selvagem, enquanto diz gostar de ouvir as mulheres racharem como melancias. Convenci-me de que nunca seria capaz de fazer uma mulher rachar como uma melancia.*

Dalí tentou fingir que não ligava para isso, embora as figuras sexualmente neuróticas de suas pinturas sugiram o contrário. Em sua "ansiedade a respeito das dimensões pequenas de seu pênis, ele não estava exagerando", comenta Ian Gibson em *The Shameful Life of Salvador Dalí* – e essa ansiedade nunca o abandonou. Será que o apresentador Howard Stern, de programas de rádio sensacionalistas, era outro confesso compulsivo? Ele não conseguia parar de dizer que tinha um pênis pequeno e escreveu em sua autobiografia *Private Parts* que sempre usava o vaso sanitário em vez do mictório: "Deus não quer que alguém veja meu pobre pinto, sendo que mal preciso abrir o meu zíper". Talvez ele seja apenas um extrovertido bem resolvido sem a neurose de Dalí. Ou brincalhão (sua primeira mulher Alison disse que seu pênis era "legal"). Talvez o cantor espanhol Enrique Iglesias estivesse brincando quando anunciou que desejava lançar uma linha de camisinhas extrapequenas para homens como ele, que não eram bem dotados e tinham problemas para encontrar alguma que servisse. Quando as camisinhas da marca *Lifestyle* ofereceram-lhe US$ 1 milhão para que ele servisse de modelo para seus produtos, o namorado da linda ex-tenista Anna Kournikova disse que só estava brincando. Se estivesse, e Stern também, poucos homens compartilhariam desse tipo de humor, seguramente não *NW*, *Worcester*, de 25 anos, que escreveu para a coluna de conselhos da revista *Forum* relatando as humilhações diárias que sofria no chuveiro comunitário de sua escola, antes de continuar:

> *Por muitos anos odiei ter sido visto pelado, mas consegui superar isso até certo ponto, embora ainda me sinta muito infeliz com homens vendo meu pênis, sendo que minhas poucas conquistas sexuais até agora foram transas no escuro. De fato, minhas três primeiras amantes nunca viram nada do meu pênis. Até que encontrei uma senhora bastante compreensiva, que me ajudou de fato a me conformar com o problema, (mas) duas coisas ainda me deprimem. Com frequência vejo garotos pré-adolescentes no ginásio e na piscina que frequento com pênis maiores do que o meu, e devo admitir que me sinto deslocado e tenho muita inveja.*

Inveja do pênis, ou talvez medo do pênis – do tamanho e da potência que se imagina ter o órgão sexual de outro macho – fica ainda pior quando uma mulher entra na equação. O ensaísta e crítico do século XVIII William Hazzlitt, futilmente obcecado pela filha promíscua de seu senhorio, acreditava que ela fosse "louca por tamanho", por isso atormentava-se com o que seus rivais tinham a oferecer por seus favores, e quase foi levado à loucura por uma suposta troca de favores dela pelas "sete polegadas" de um outro hóspede. Sua narrativa de todo o caso levemente disfarçada, *Liber amoris*, foi descrita por Thomas De Quincey como um exorcismo, "uma explosão de frenesi... para esvaziar seu espírito tão carregado". Humbert Humbert, ciumento guardião da ninfeta Lolita, se vê em um paroxismo de ansiedade, numa piscina, onde observa um banhista que ele ainda não sabe ser Quilty, seu rival e nêmesis, acompanhando-a com os olhos,

> *seu umbigo pulsando, suas coxas peludas banhadas por gotas d'água brilhantes, seu calção preto e justo, intumescido, e explodindo de tanto vigor, seu gordo escroto repuxado, para cima e para baixo, a lhe proteger como um escudo acolchoado, a disfarçar seu instinto animalesco.* (*Lolita*, Vladimir Nabokov).

A ansiedade se torna agonia quando um homem sabe que outro penetrou a mulher que ele ama. Geoffrey Firmin, em *Under the Volcano*, de Malcolm Lowry, é um desses homens.

Esperando por Jacques Laruelle para acabar a chuveirada, vem o súbito impacto da memória de que

> *esse furtivo e alongado feixe de nervos azuis em forma de pepino e guelras sob o estômago fumegante, despercebido, que buscou prazer no corpo de sua mulher, fez com que ele tremesse de alto a baixo.*

Trata-se de uma revelação que pelo menos costuma ser privada, ou conhecida apenas em um círculo reduzido. Não tanto na Inglaterra elizabetana, onde um homem com uma mulher infiel era ridicularizado com violência, em especial se aceitasse a situação sem reagir; chamado de *wittol* (corno), tinha chifres ou galhos pendurados em sua casa, os vizinhos faziam sinais de chifre com os dedos – e os mais fáceis de debochar circulavam com chifres na cabeça.

CAPÍTULO 2

MENTIRAS, MENTIRAS MALDITAS E AUTOMEDIÇÃO

Intelectualmente, um homem sabe que o tamanho do seu pênis não deveria ser especificamente relevante em um relacionamento, para ele mesmo ou para uma mulher. Seu bom senso lhe diz que não será o principal fator determinante na reação da mulher a ele. Todavia... ele não consegue acreditar que é isso mesmo.

Quando o Instituto Kinsey reviu, 30 anos depois de publicada as anotações de seu fundador, à luz de novas descobertas, chegou à conclusão de que 1 homem em 100 atinge mais do que a ereção média de 12,7 a 17,8 cm, e ereções médias chegam a 20 cm; um homem em cada 1 mil chega a 23 cm. Mas as pesquisas feitas para a Durex, e para o *Definitive Penis Internet,* ao mesmo tempo em que enfatizam que seus achados principais são consistentes com Kinsey, cautelosamente propuseram que há mais pênis avantajados – entre 4 e 7 homens em cada 100 atingem 20 cm; 7 homens em cada mil passam de 20 cm, e apenas 1 em mil chega a 22,8 cm, sendo que entre 10 e 30, a cada mil, vão além. E por mais que os dados levantados pelo Instituto mostrem que ereções acima de 22,8 cm são tão raras (uma palavra que o próprio Kinsey usava em vez de "grande") a ponto de serem estatisticamente impossíveis de medir, ambas as pesquisas sugeriram que um homem a cada 100 atinge 20 cm. No levantamento, o Instituto descobriu que 18 homens em cada mil têm uma ereção acima da média. *Durex* e o *Definitive Penis* apresentam esse número como sendo oito vezes maior. Poderia Kinsey estar tão errado?

O problema para os pesquisadores é que eles têm de acreditar no que dizem os participantes a respeito de suas próprias medidas. A maior parte dos dados de Kinsey provém de automedições (indicadas na beirada dos cartões postais que retornavam); todos os dados do levantamento da *Durex* e da pesquisa *Definite Penis* foram coletados dessa forma – o levantamento resultante deu como ereção média o valor de 16 cm, enquanto a Durex chegou a 16,2 cm. Estariam os pênis, como as pessoas, ficando maiores? Se as orelhas dos homens ficaram de pé aqui, a resposta é não: a natureza impessoal e anônima da Internet quase certamente explica o aumento aparente. Não que a *Durex* e o *DPS* não buscassem salvaguardas contra humoristas e iludidos. A *Durex* eliminou as respostas extremas: comprimentos abaixo de 75 mm, "o tamanho de uma pimenta *chilli* grande", e aqueles com mais de 250 mm, "o tamanho de um pepino grande". O *Definitive Penis Survey* não considerou aqueles flagrantemente fraudulentos ("advogados de 17 anos de idade e pessoas que se declararam descendentes de guerreiros zulu-americanos), além de eliminar 1% das respostas mais baixas e 2% das mais altas. Além disso, o site pedia aos participantes para fornecer uma foto transmitida eletronicamente, que incluísse uma tira indicando a medida.

A média das médias de Kinsey de meio século atrás, dados de seu Instituto de 25 anos atrás e as pesquisas *Durex* e *Definitive Penis* do último ano do milênio (com apenas três décimos de polegada de diferença, de cima para baixo, no fim) chega a 15,7 cm, com circunferência de pouco menos de 12,7 cm como valores bem consistentes em todas as pesquisas, o que parece tão definitivo quanto é possível ser, exceção feita a *Lifestile Condoms* (com objetivo igual ao da *Durex*), que em 2001 realizou o único estudo em grande escala sem confiar na automedição – virou a questão do pênis de ponta cabeça. Depois de conseguir 300 voluntários para submeter sua masculinidade excitada à atenção de duas enfermeiras empunhando fitas métricas, sob constante supervisão de um médico, a *Lifestyle* informou que a ereção média foi de 14,7 cm, cerca de 1,2 cm a menos do que a média das médias citada acima. Vale notar que, cinco anos antes, dois estudos em pequena escala (um na Alemanha e outro no Brasil) induziram ereções farmaceuticamente em voluntários e ambos encontraram uma média de 14,5 cm. Ainda mais surpreendente, no mesmo ano o *Journal of Urology* informou a respeito de um estudo que havia sido encontrado, em que 80 homens normais de variadas etnias também foram artificialmente excitados (o objetivo nesse caso era o de ajudar no aconselhamento de terceiros, em relação ao alongamento peniano) – e chegaram a uma média de 13 cm, quase 2 cm a menos do que o levantamento *Lifestyle*.

A profissão médica prossegue medindo os pênis; entre 2007 e 2010, pelo menos 15 estudos diferentes foram publicados, e todos eles com a mão na massa. O que agora parece ser o foco de atenção é a probabilidade de que homens que sabem ou pensam estar abaixo da média não se apresentem como voluntários para serem classificados ou medidos, significando que as médias podem estar abaixo dos valores registrados (uma alusão ao fato de que hipoteticamente, em algumas circunstâncias, pode ocorrer que a estatística transforme um homem de pênis pequeno em um de bom tamanho). Incontestável é o fato de que, no que concerne aos homens e seus respectivos pênis, há mentiras, mentiras malditas e automedição.

Ninguém parece ter conduzido uma pesquisa para mostrar se os homens gays são mais dados a exageros do que os heterossexuais, mas, com certeza, o tamanho é um fator ainda mais importante na comunidade gay em geral – os homens *gays*, tendo que pensar nos pênis de seus parceiros assim como em seus próprios, tratam os pênis com maior seriedade do que os outros homens, o que já quer dizer alguma coisa. A questão esquentou nos anos 1990, quando os pesquisadores analisaram 25 anos de dados de Kinsey e concluíram, em uma edição dos *Archives of Sexual Behaviour*, que o pênis médio dos homossexuais era maior que o dos heterossexuais – sendo 16 cm a média dos homens negros. Houve muita excitação na comunidade *gay*, com os *gays* negros sendo acusados de serem mais "tamanhistas" que seus irmãos *gays* brancos.

Uma palavra final para encerrar o assunto das medidas. Enquanto a maioria dos pesquisadores passa a fita na parte superior do pênis ereto, alguns, curiosamente, preferem a superfície posterior, e outros optam pelo que é chamado de "comprimento do pênis esticado"– o pênis flácido esticado equivaleria mais ou menos ao comprimento ereto. O segundo método pode beneficiar o homem corpulento com uma substancial barriga pendurada, que inibe a sua possibilidade de projetar-se (de acordo com o Indiana University Medical Center, em Indianópolis, para cada 18 quilos de peso acrescentado à pessoa, o *prepubic panniculus*, ou camada de gordura, embute 2,5 cm da extensão livre do pênis), sendo útil essa última informação para qualquer homem que fique com brilho nos olhos com a conquista de mais alguns milímetros na medição.

REALIDADE E RUMOR

Na peça de Alan Bennet *Kafka's Dick*, o escritor judeu-tcheco Franz Kafka é trazido aos dias atuais com seu pai, Hermann, e fica chocado ao descobrir quão famoso ele se tornou desde sua morte. Chocado também ficou Hermann, e igualmente invejoso, decidindo que a melhor forma de ele também conquistar a fama é fazer Franz revelar ao mundo quanto seu pai o ajudou na vida – uma releitura de uma verdade biográfica. Se Franz não fizer isso, Hermann ameaça,

> *Contarei ao mundo o fato que os biógrafos nunca souberam. Revelo a estatística que todo homem conhece sobre si próprio mas nenhum livro jamais revela. Veja, é como digo, nós éramos pai e filho normais, mas o que é normal? O meu normal (indica cerca de 20 cm). O seu normal (indica cerca de 7,6 cm).*

Em relação a seu argumento, Hermann mente, ou está mal-informado: escritores, como quase todo mundo, adoram alegar que os pênis dos famosos têm dimensões capazes de atrair admiração ou ridículo. Quase toda a evidência a respeito de tamanho é piada, claro. Mas algumas revelações procedem de tantas fontes que parecem estar acima de qualquer suspeita. O monarca Carlos II era apelidado de "Velho Rowley" devido ao prodigioso reprodutor que ele trazia consigo em Newmarket – não apenas pelo número de descendentes (14 bastardos conhecidos), mas por ser dotado de forma admirável. Em 1663, o diarista Samuel Pepys registra Sir Thomas Carew contando para ele

> *Que o Rei pensa apenas nos prazeres, e odeia a simples visão ou pensamento a respeito de negócios, que a Senhora Castlemaine manda nele, e que, diz ele, conhece todos os truques de Aretino*[7] *que devem ser praticados para dar prazer, coisa de que ele também entende, tendo um grande –*

O poeta escatológico John Wilmot, o segundo conde de Rochester, foi certa vez banido da corte porque, quando bêbado, costumava colocar mais de um poema em seu bolso e deu o errado para o rei. "*A Satire on Charles II*", que não tencionava colocar nas mãos reais, contém essas linhas:

> *Tendo a paz como meta, e um cavalheirismo a toda prova, ele ama amar, porque adora foder bastante. Altos desejos, nada além da sua força. O seu cetro e o seu pau são longos.*

Nos anos 1940 e 50, os garçons de Paris chamavam as pimentas gigantes do restaurante de "Rubirosas", referindo-se ao diplomata e playboy internacional Porfírio Rubirosa, cujas conquistas incluem Zsa Zsa Gabor, Ava Gardner, Jayne Mansfield, Marilyn Monroe, Kim Novak – e Eva Perón. De acordo com uma de suas mulheres, seu pênis tinha 28

---

[7] N. do T.: Sátiro italiano da Renascença.

cm, com 15 cm de circunferência, "parecendo uma parte de um taco de beisebol (*Too rich: The Family Secrets of Doris Duke*).

Há muitas evidências anedóticas para acreditar que Charles Chaplin tinha boas razões para chamar seu pênis de "A Oitava Maravilha do Mundo", como ele o chamava, e para confirmar a afirmação de que, em certa época, os três homens mais bem dotados de Hollywood eram Frank Sinatra (seu empregado doméstico dizia que ele comprava cuecas sob medida para disfarçar o volume), Forest Tucker e Milton Berle. "Que pena – nunca são os mais bonitos", Betty Grable lamentava. "Quanto maiores são, mais sem graça", um insulto com relação aos instrumentos de Valentino e Errol Flynn, que podem ser considerados como os homens mais bonitos de todos os tempos a aparecer na tela.

Hoje, em uma era em que há tanta procura por detalhes da vida de celebridades, em que nenhum de seus pênis pode tocar a vida em decente anonimato, parece haver mais pênis "grandes" do que a distribuição estatística específica como possível – mais do que o tamanho real da pimenta, é a mídia que apimenta a questão. Mas não há discussão quanto ao tamanho do pênis de Valentino: sobre isso, ele deixou uma clara evidência, uma peça fundida em prata maciça, como lembrança para o ator Ramon Novarro, do caso que tiveram.

O pênis de Valentino balançava para os dois lados e era tão longo quanto seu nome: Rodolfo Alfonso Raffaelo Pierre Filibert Guglielmi di Valentina d'Antonguolla. Outro que deixou a medida de sua masculinidade para a posteridade foi Jimmi Hendrix, moldado pelos *Plastercasters* (algo como os modeladores de gesso), uma cooperativa com pretensões artísticas de *groupies* de astros do rock que nos anos 1960 descobriram algo mais íntimo para ser guardado do que fotos e autógrafos. Enquanto esses moldes são originais (embora o de Hendrix tenha se perdido), réplicas dos pênis de astros pornôs como John Jeremy e do falecido John Holmes, moldadas de suas partes privadas (mas não tanto), estão à venda por toda a América e o mundo, via Internet – para uso como consolos. Holmes, assim como Hendrix, tinha 30 cm, enquanto Jeremy, tinha 25 cm,

0,6 cm a menos que Valentino. "Eles falam de mim na imprensa como 25 cm, e eu digo ok, fico com a sobra de 0,6 cm para mim", declarou Jeremy à revista *Onion*. Por falar nisso, Holmes, amigo dele, costumava chamá-lo de "Pinto Pequeno"[D].

Nunca se leva em conta o fato de que rumores a respeito de pênis grandes ou pequenos têm muita possibilidade de serem falsos, a ponto de não poderem ser levados a sério. Apesar de mais de meio século de pesquisa que mostra de forma irrefutável que não há indicação de que os homens baixos são bem dotados, a humanidade segue suspeitando dessa hipótese, como compensação pela baixa estatura. Assim, continuam saindo textos que dizem, por exemplo, que o pintor-anão Toulouse-Lautrec era conhecido nos bordéis de Paris como Cafeteira, pela exagerada dimensão de seu membro – embora a vida do pintor do século XIX, narrada por Julia Frey, tenha uma fotografia dele nu, com a legenda: "Note-se as pernas curtas; genitália e crânio parecem normais". A lei de compensação funciona ao reverso para outros homens pequenos, cujos feitos são a coisa mais importante a seu respeito – uma "concepção sem base... grandes homens, membros pequenos", escreveu o biógrafo Frank McLynn, buscando justificar Napoleão Bonaparte.

A primeira sugestão de que o pênis de Napoleão era "anormal de tão pequeno" veio do cirurgião-assistente Walter Henry, um dos cinco médicos que fizeram sua autópsia. É provável que isso fosse uma verdade quando ele morreu: a opinião médica moderna considera que Napoleão morreu de intoxicação crônica por arsênico, depois de tomar remédios envenenados por muitos anos, o que poderia ter atrofiado seus órgãos genitais, assim como deixaram seu corpo sem pelos e o engordaram a ponto de criar seios. Mas como McLynn enfatizou, não havia nada na vida anterior do imperador que indicasse anormalidade:

Como gostava de se mostrar um soldado forte e preparado,
Napoleão apareceu nu diversas vezes na presença de suas

> *tropas... "Se O'Meara (seu médico) escrevesse um diário, seria muito interessante. Se revelasse o tamanho do meu pinto, seria mais interessante ainda". Realmente não parece um homem preocupado que a posteridade risse dele e de fato O'Meara produziu um diário e não fez uso da "extraordinária revelação". Além disso, mesmo se pudermos imaginar um homem subdotado como um mulherengo compulsivo – que Napoleão era – suas colegas de cama na certa teriam comentado esse interessante aspecto de sua anatomia.*

Às vezes as pessoas ignoram a evidência diante de seus próprios olhos para poder ridicularizar o pênis de um homem. Aconteceu com o ator Jude Law em 2005, quando ele foi apanhado traindo a atriz Sienna Miller com a babá, o que em seguida o transformou em um "cafajeste" e, logo depois, merecesse um fora. Pouco depois ele foi fotografado ao trocar de calção de banho na varanda da casa de sua mãe na França, e talvez nem tenha ficado tão surpreso ao ter o seu apêndice perfeitamente respeitável descrito como "masculinidade mirrada" ou apenas um "pacote pequenino" – a aliteração é a ferramenta do riso.

E quanto a Franz Kafka? Se Napoleão foi tratado desse jeito, imagine o hipersensível Kafka, um homem com pulmões fracos, uma coleção hipocondríaca de outros males, obsessão por mastigar bastante os alimentos, dificuldade de manter relações estáveis com mulheres e uma intensa relação de amor e ódio com seu pai intimidador–, mas, até onde se sabe, com um pênis bastante normal. Mais de 15 mil livros foram escritos sobre Kafka, e nenhum, salvo um, deixou de comentar o assunto, o que garante à peça de Alan Bennett seu humor permanente. A exceção é um trabalho de dois psicólogos da University of South Carolina, que analisaram tudo o que Kafka escreveu e concluíram, apenas a partir desses trabalhos do autor, que um pinto pequeno estava na raiz de seus problemas!

Sabendo que vão se expor ao ridículo a respeito do tamanho de seus genitais, mesmo que sejam normais, temos de admirar os atores corajosos o suficiente para aparecer nus no palco. Quando o comediante Eddie Izzard apareceu pelado como Lenny Bruce em *The West End,* um jornal relatou que alguém na plateia teria dito: "Ele não deve estar sendo pago pelo comprimento, não é?". Outro comediante, Frank Skinner, foi também ridicularizado quando coestrelou com uma tartaruga na peça *Cooking With Elvis* e foi citado como tendo dito, de propósito, que "estando no palco com algo pequeno e enrugado não me preocupou. E representar com uma tartaruga foi uma boa mudança também". O ator clássico Ian Holm teve de ouvir uma gozação de um crítico quando, pela primeira vez, tirou a roupa em sua carreira teatral, representando o rei Lear. Mas ele se vingou em sua autobiografia:

> *Houve poucos comentários sobre meu estado de nudez, a não ser o de... Mark Lawson, que classificou minha masculinidade como murcha quando precisei caminhar pelado numa piscina rasa de água fria. Mesmo sem considerar as carências físicas de Lawson (os lábios escuros, a face gordinha, plastificada, a prematura cabeça careca de velho), estou seguro de que o seu próprio equipamento também encolheria após um banho frio na frente de muitos milhares de pessoas. (Acting my Life)*

Enquanto a maioria das gozações a respeito dos pênis vêm de outros homens, as mulheres quando falam do assunto procuram minimizar o tamanho. Paula Jones, para quem Bill Clinton baixou as calças, criticou-o apenas porque "ele não era bem dotado", mas quando sua agressiva advogada foi entrevistada, o pênis do presidente encolheu. Em referência à suposição de ter tido muitos casos, ela comentou: "Se ele fez sexo com essas outras mulheres, elas nem devem ter notado" – refletindo a observação de Fanny Hill sobre um cliente "de um tamanho que entra e sai sem que se dê conta". Trata-se de uma suprema desqualificação, quando parte de uma mulher que teve experiência profissional com o pênis em questão.

Uma antiga amante do ex-ministro conservador, o rotundo Lord Soames, deu-lhe uma punhalada na virilha com o comentário de que o sexo com ele era como "um armário caindo em cima, com a chave protuberante". Uma dispensada ainda mais devastadora foi a da ex-amante do então deputado britânico e primeiro ministro John Prescott, cuja masculinidade, ela declarou, era de um tamanho decididamente marginal, de fato uma salsichinha. O jornal *The Sun*, exultante, mostrou uma foto de uma salsicha de coquetel, de cinco centímetros, com a legenda: "tamanho real".

A vingança pode justificar algumas alegações, mas é preciso ter em mente que, como regra, as mulheres veem uma ereção de cada vez, o que impede comparações ("Quão grande é grande quando não há parâmetros de referência?", pergunta Isadora Wing, a heroína de *Fear of Flying*, de Erica Jong), e circunstâncias de urgência conspiram contra uma apreciação linear detalhada. Um estudo de relações sexuais mostra que, enquanto mulheres apaixonadas tendem a considerar o pênis do amado maior do que é durante o ato, elas os consideram menores depois que murcham e a separação é rancorosa. Desiludida com um marido acadêmico bem chato, Graham, no livro de Julian Barnes *Before She Met Me*, a mulher, Ann, olha para sua genitália enquanto ele dorme pelado na cama, intrigada de que tanto problema seja causado por uma coisa "tão banal": "Depois de um tempo, nem parecia que tivesse algo a ver com sexo... era apenas um camarão sem casca e uma noz".

CAPÍTULO 3

PRIMAZIA HUMANA

Falando objetivamente, mesmo os grandes pênis humanos são pequenos quando não comparados com outros pênis humanos; mas virtualmente todos os pênis humanos são grandes em comparação com os das outras 192 espécies de primatas. Os pênis do gorila e do orangotango quando flácidos são virtualmente invisíveis; eretos, atingem 3,7 cm ou menos: o chimpanzé, o parente mais próximo do homem (com 98% do seu DNA em comum) alcança uma ereção igual à metade da média humana. Por que, comparativamente, o pênis dos homens é tão desproporcionalmente grande é uma questão que aproxima um grupo de disciplinas, incluindo arqueologia, antropologia e zoologia, assim como os ramos da biologia evolucionária, psicológica e sociológica. Coletivamente, eles não respondem à questão conhecida como "explicação causal definitiva".

O consenso de todas essas "ologias" é que quando os ancestrais dos homens, os hominídeos, desceram das árvores há 4 milhões de anos, seus pênis eram de um tamanho igual ao dos primatas – "quase desaparecendo de tão pequenos", de acordo com o arqueólogo Timothy Taylor (*The Prehistory of Sex*). Então, quando a posição de andar em pé transferiu o foco sexual de trás para frente do corpo, em ambos os sexos, foco mais intenso ainda pelo fato de eles terem perdido os pelos exceto na área genital, começou a "seleção sem controle" do pênis.

As feministas tendem a achar que isso ocorreu porque as mulheres queriam assim; quando elas começaram a andar eretas, o ângulo da vagina girou para frente e para baixo, entrando mais fundo no corpo, obrigando o pênis, como Rosalind Miles coloca em *The Woman's History of the World* a seguir o mesmo princípio do pescoço da girafa: "cresceu para conseguir chegar a algo que não seria atingido de outra forma". Em contrapartida, "o pênis grande pode ter evoluído porque isso era o que seu dono queria" – um grande atrativo para potenciais acasalamentos e uma forma mais visível de ameaçar os rivais. Um pênis grande também aumenta a possibilidade de inseminar uma fêmea que estivesse fazendo sexo com outros animais, por se aproximar mais do colo do útero. Há objeções a essas teorias – até porque os outros primatas machos continuaram a propagar suas espécies com bem menos a seu dispor. Quanto à teoria de que o pênis cresceu para acompanhar a imaginativa variedade de posições sexuais da espécie humana, orangotangos e chimpanzés, em particular o chimpanzé pigmeu ou bonobo (uma espécie separada, encontrada no Congo, que tem um andar mais ereto e um esqueleto mais "humano"), são igualmente imaginativos em seu acasalamento – conseguem fazer balançando de árvores, enquanto o homem só consegue imaginar fazer isso balançando de lustres.

Mas se a ciência não pode explicar de forma definitiva porque o pênis do homem é tão grande, existe uma explicação para os testículos terem o tamanho que têm.

No início dos anos 1980, o psicólogo David Buss causou ampla excitação entre os "ólogos" com a hipótese (em *The Evolution of Desire*) de que quão mais promíscua a espécie de primatas, maiores os testículos dos machos a ela pertencentes – o tamanho do pênis, ele supôs, era menos importante para conseguir fecundar uma fêmea tendo sexo em rápida sequência com outros machos do que a produção de ejaculações mais copiosas e frequentes.

Em seguida, cientistas britânicos pesaram os testes de 33 espécies de primatas, incluindo o homem, para analisar o elo entre promiscuidade e testículo. Curiosamente, por essa medida, o macho humano, primata com o maior pênis, não foi o rei do sexo grupal: seus testículos, pesando em conjunto 40 g, não têm comparação com os dos chimpanzés, que pesam chocantes 112 g, três vezes mais do que os do homem na relação produção de espermatozoides/peso do corpo. E o poderoso gorila, o primata de menor pênis? Outra vez ficou para trás, pois seus testículos têm pouco mais de metade do peso em relação aos homens. Como Buss assinalou, o gorila, com seu harém monogâmico de três a seis fêmeas, não enfrenta uma "competição de espermatozoides" com outros machos. O promíscuo chimpanzé comum, por sua vez, tem sexo quase diário com fêmeas diferentes, e o ainda mais promíscuo bonobo copula várias vezes por dia.

Em algum lugar entre gorila e chimpanzé vem o homem, que não é inteiramente promíscuo nem monogâmico, e cujo pênis evoluiu muito além de seus ancestrais mais distantes, embora seus testículos, ou pelo menos seu poder de fogo, provavelmente tenha se reduzido – sua produção de esperma por grama de tecido é consideravelmente menor do que a do chimpanzé ou gorila, levando à visão "ológica", como afirmaram Lynn Margulis e Dorian Sagan (*Mystery Dance: On the Evolution of Human Sexuality*), de que já houve um "motor testicular" maior quando o negócio da inseminação era um concurso.

Assim como acontece com todas as partes do corpo, há variações raciais, um assunto cujo interesse focou na teoria de Buss, da competição de espermatozoides, depois que ela ficou conhecida, e Jared Diamond descreveu-a como "um dos triunfos da moderna antropologia física". Mas medir testículos não era tão fácil quanto medir pênis. Uma avaliação com um dedo e o polegar é muito pouco precisa: nas dobras do saco escrotal, os testículos escapam como sabonete molhado. Mesmo medições com orquidômetros (um tipo especial de calibre testicular) são difíceis – o que explica porque os cientistas passaram a compilar seus dados nas autópsias. Os resultados confirmaram o que havia sido previamente constatado em análises menos sistemáticas: não há diferença sensível entre os testículos de negros e brancos, mas os dos asiáticos são de fato menores. O alcance dessa diferença, contudo, deixou perplexa a comunidade científica. Era uma alteração duas vezes maior do que o registrado previamente. Como Diamond reportou em um texto publicado na revista *Nature,* enquanto os testículos de brancos e negros pesavam uma média de 21 g, os testículos dos asiáticos pesavam 9 g, equivalente ao peso do testículo de um menino branco ou negro de 12 anos.

Os homens, é claro, relacionam testículos especialmente com coragem (ter bolas, ou, como preferia Hemingway, que gostava da língua espanhola, "cojones"), mas considerando que os testículos são a fábrica que ajuda a atingir a meta darwiniana da procriação, eles são surpreendentemente indiferentes com relação ao tamanho de seus próprios. Isso deve vir do fato de que as evidências, no caso, estão meio escondidas, já que se pode brincar de esconde-esconde com o pênis que está bem à sua frente, no qual os homens concentram toda a sua atenção.

Para registro, o testículo médio do branco ou negro tem pouco menos do que 5 cm de comprimento por 2 cm de largura e 3 cm em diâmetro, embora haja dimensões iguais à metade metade dessas. Alguns poucos têm metade a mais, tendo, o maior, pouco mais do dobro do menor (Jane Ingersoll, em *Purple America*, de Rick Moody, enxerga os testículos de Radcliffe como "pequenos cajus, não aqueles asteroides que alguns namorados mostraram a ela"). Homens mais altos e mais pesados (não obesos) tendem a ter grandes testículos, mas trata-se de uma correlação frágil – e não há relação disso com o tamanho do pênis. Não é surpresa que homens com testículos maiores fabriquem mais esperma por dia, e que ejaculem com maior frequência. Pesquisas sociológicas com testículos levaram à conclusão de que homens com testículo grande tendem a ser mais infiéis do que os de testículo pequeno. Uma mulher que deseje um companheiro de confiança para um longo relacionamento pode ser aconselhada a investir em um orquidômetro.

CAPÍTULO 4

ESTÉTICA, FUNÇÃO E MULHERES

É de se duvidar que algum pênis tenha muita semelhança com a maioria das estátuas gregas. Fiéis à anatomia em todos os detalhes, os antigos gregos idealizavam de tal forma o pênis (e seus acessórios) a ponto de corrigir as imperfeições. Os pênis de verdade não são bonitinhos ou delgados, nem têm a pontinha fina como aqueles da arte grega ou da Renascença, enamorada da tradição grega (o Adão de Michelângelo, no teto da Capela Sistina, na qual Deus tem um corpo de halterofilista, é pouco dotado para propagar a espécie humana). Os testículos nunca são simétricos, nem estão no mesmo plano horizontal (o equilíbrio perfeito do par digno de um rei, como o que *Brihat Samhita* tem), exceto, talvez, quando encolhidos pelo frio ou medo. Para dizer a verdade, os pênis, quando soltos, em geral aparecem desbalanceados para um lado ou outro, o escroto em estado normal pende caído, como um abacate encolhido em seu galho ("avocado", o abacate mexicano vem da palavra asteca para escroto), os testículos que contém são diferentes, o direito, com poucas exceções, sendo maior do que o esquerdo (porque o cordão espermático é maior desse lado), que fica mais abaixo, indiferente ao fato de seu dono ser destro ou canhoto. De acordo com Gieves & Hawkes, que confeccionam roupas masculinas, 80% dos homens acham mais confortável deixá-los à esquerda quando se vestem.

Ao considerar que se trata da principal parte do homem, descrita como uma maravilhosa embalagem que guarda o tesouro das doçuras da natureza, John Cleland, em *Fanny Hill*, concluiu que eles "juntos formam a mais interessante e arrebatadora imagem da natureza, com certeza infinitamente superior aos nus dos pintores e escultores, ou de qualquer arte comprada por preços elevados"; Connie Chatterley, de D. H. Lawrence, considera a genitália de Mellor, como "a raiz primeva da beleza total!".

Infelizmente para os homens, isso é transferência de um desejo masculino. Algumas mulheres podem concordar, claro, incluindo a artista americana Betty Dodson, que certa vez desenhou 16 genitálias masculinas "para que os homens pudessem ver todas as maravilhosas variações dos seus órgãos sexuais" (*Sex for One*); todavia, quando ela descreve os pênis mostrados como "Paus Clássicos", "Paus Barrocos" e "Modernos Paus Dinamarqueses", de traços limpos, pode ser que ela tenha atingido o máximo de seu entusiasmo. A prostituta em *Slaves of New York*, de Tama Janowitz, conhece tudo que é tipo de pênis, incluindo alguns que são "encantados, revestidos de pérolas, como os grandes minaretes do Taj Mahal" – o que é quase tão épico quanto o próprio monumento. No lado oposto do espectro, algumas mulheres não gostam nem um pouco dos genitais dos homens, como a poeta Sylvia Plath dizia: um velho pescoço de peru com sua moela; ou, como Jane Ingersoll no livro *Purple America*, de Moody, "a mais feia das partes anatômicas que existem, comparável a um bócio".

Talvez expressando uma visão intermediária, Esther Vilar (*The Manipulated Men*) fala pela maioria de seu gênero ao dizer que "para uma mulher, o pênis e o escroto parecem supérfluos em relação ao simétrico corpo masculino visto sem eles" (considerando a pandemia de obesidade, "simétrico" seria um conceito teórico, mas deixemos isso de lado). Virtualmente todas as mulheres acham que o corpo feminino, que não tem sistema de encanamento sexual externo, tem uma estética infinitamente mais agradável; como Molly Bloom sonha, em vigília, as estátuas femininas no museu são mesmo "tão lindas comparadas ao homem com seus dois bagos cheios e a outra coisa pendurada para fora ou apontando na sua direção como um cabide de chapéus, não admira que eles os escondam com uma folha de repolho" (*Ulysses*, James Joyce).

Os sentimentos dos homens sobre tudo isso são confusos e contraditórios. A afeição dos possuidores por seus próprios pênis é tão grande que é pouco provável que, caso questionados, eles dessem uma resposta certa sobre qual seria seu órgão externo essencial, ou o maior, no caso, a pele. Só mesmo as convenções sociais para impedir muitos deles de exibir um adesivo no vidro de trás de seus carros: ♥ MEU PÊNIS. Mas o orgulho está subentendido nos variados graus de ansiedade. Eric Gill não sofria de nada disso; ele confidenciou em seu diário que, em sua opinião, "o pênis e as bolas são coisas muito lindas". Outros podem concordar, como Sebastian em *Romeo and Juliet*, que considera os dois "uma boa peça de carne", (sendo carne, claro, um eufemismo bíblico). Mas a maioria dos homens decerto pensa que o jornalista A. A. Gill não estava errado ao descrever a genitália masculina como "um tubo fibroso", considerando que, não obstante seu afeto, os homens possam ser inerentemente ridículos ao possuí-los – o clássico medo adleriano da gozação.

"Será que o seu pênis horroriza as mulheres?", estampava a manchete de capa da revista *FHM*, brincando com essa insegurança, com a matéria nas páginas internas ("Você é feio nas partes baixas?") que pedia a quatro mulheres para comparar o pênis de seu parceiro com outros, todos eles enfiados em buracos numa tela. Mesmo nem um pouco científico, o exercício mostrou que as mulheres identificavam facilmente seus parceiros (uma pequena prova, tangencial, da individualidade peniana) e tinham afeto por seus membros – sendo a principal razão o fato de pertencerem a seus parceiros, mais do que uma atração em si. E por mais que elas recuassem dos três órgãos com os quais não tinham familiaridade ("como uma cobra que engoliu uma bola de futebol", "muita pele sobrando ao redor", "algo na vitrine de um açougueiro"), elas acharam todos muito engraçados, o "delas" incluído. É o que as mulheres acham; os pênis *per se* podem ser vistos como algo que o Criador rabiscou num momento de folga. "Não há nada tão ridículo como um homem nu", a atriz Jane Asher observou certa vez, um sentimento compartilhado por Debora, de *Derby*, quando ela apareceu com seu namorado no lançamento de uma série de TV: a mera visão do pênis de Dave, disse, "deixou-me dilacerada".

Mas Simone de Beauvoir (*The Second Sex*) sem dúvida estava certa quando observou que o possuidor de um pênis, embora olhe para a ideia da ereção de outro homem como "uma paródia cômica... naturalmente enxerga nele a si próprio, com certo toque de vaidade". Na verdade, ela entende esse caso porque a ereção de um possuidor de pênis – "o mais precioso ornamento do homem" (Eric Gill de novo) – é o domador de seu leão, a sua cauda de pavão, a origem de sua identidade, o centro psicológico e físico do seu ser, a verdadeira identidade de sua masculinidade. Para o dono do pênis, sua ereção é uma coisa tão maravilhosa quanto a metamorfose de um lagarto em borboleta, um milagre recorrente. Sua ereção é uma maravilha da engenharia hidráulica. Em sua duradoura, confiável e repetitiva eficiência (que) pode ser comparada às comportas Gatun do Canal do Panamá, desde 1914 elevando navios de passageiros de forma rápida, suave e segura até 26 m acima do balanço do Atlântico e do Pacífico. O poder permanente do mecanismo do pênis se compara em engenhosidade à canalização de torrentes das montanhas, que desde 1910 fazem roncar com brilho as turbinas para energizar a iluminação de inumeráveis cidades distantes. A inteligente simplicidade de uma ereção do pênis, aplicando pressão hidráulica para alcançar força motora, lembra a mecânica de um carneiro hidráulico, ou das rodas d'água que estiveram espalhadas por toda a terra...

Quem tem pênis positivamente não gosta desse tipo de ironia, segundo o livro de John Gordon, *The Alarming History of Sex*, de uma loquacidade digna de Rabelais. E o que os homens querem das mulheres em benefício de seus pênis eretos, e que certamente não conseguem articular, é causar espanto. Causar espanto é algo que todos os machos do reino animal desejam muito, extrapolou Lorenz Konrad, ganhador do Prêmio Nobel de zoologia, e pai da etnologia, a partir de seus estudos sobre peixes tropicais – a noção do efeito *cichlid* (ciclídeos) na fisiologia. Abaixo, de D.H. Lawrence, um complemento com uma orgia de pontos de exclamação:

"Deixe-me vê-lo!".
Ele deixou cair a roupa e ficou parado, olhando para ela. O

sol passando pela janela baixa lançou um raio que iluminou suas coxas e a barriga enxuta, e o escuro falo ereto levantava-se quente da pequena nuvem de pelos dourados.
Ela ficou chocada e com medo.
"Que estranho!", disse lentamente. "Que estranho que ele esteja em pé aí! Tão grande! E tão escuro e arrogante! Ele é mesmo assim?"
O homem baixou a vista para a frente de seu corpo branco e delgado, e riu. Em seu peito magro, entre os mamilos, havia pelos escuros, quase pretos. Mas na base da barriga, onde o falo subiu grosso e arcado, era vermelho dourado, vívido em uma pequena nuvem.
"Tão orgulhosa!", murmurou ela, sem naturalidade. "Como um lorde!, agora sei porque os homens são tão dominadores. Mas ele é realmente adorável. Como um outro ser! Um pouco aterrorizante! Mas realmente adorável. E ele vem para mim! –" Ela prendeu o lábio inferior entre os dentes, com medo e excitação (Lady Chatterley's Lover).

A reação de Connie Chatterley é exatamente como deveria ser, os homens gostam de pensar, até certo ponto, a respeito dos próprios seres que são (e aprovam os gordos pontos de exclamação também). Infelizmente, o que temos aqui é a projeção de mais uma idealização dos homens.

O pênis ereto, de acordo com Esther Vilar, "parece tão grotesco para uma mulher na primeira vez em que ouve falar disso que ela mal pode acreditar que ele exista". Um primeiro encontro não vai melhorar a situação, porque, como Inge e Sten Hegeler colocam com delicadeza, "um pênis ereto não guarda semelhança com o que elas tinham visto em estátuas de parques, ou em garotinhos remando na beira da praia". Isadora Wing não se abalou em nada em seu primeiro encontro com um "phallus" (como Lawrence, Erica Jong preferia a nomenclatura grega), mas ficou intrigada com esse "memorável desenho abstrato de veias azuis com um vermelho-Kandinsky embaixo" (bem, ela é formada em artes). Mas a maioria das mulheres pode encontrar ecos de sua própria experiência em um artigo escrito por Lorraine Slater para a revista *FHM*:

> *A primeira vez em que vi um pau real, vivo, com meus próprios olhos, ficará gravada em minha memória para sempre. Tinha 15 anos e, após alguns Pernods para terminar a noitada, fiquei espremida na parede com meu novo cara, quando de repente ele tentou forçar minha mão para baixo, na direção de seus keks[8]. Por alguma razão, ele queria que eu acariciasse algo arredondado, que crescera até a altura de seu umbigo. Quando olhei para baixo, vi uma coisa com cara de brava, como uma ameixa descascada, acenando para mim debaixo da fivela do cinto. "Jesus", lembro-me de ter pensado, horrorizada. "Isso é a cabeça do pau?". Minha mente fervilhava. Como que diabos ele apareceu aqui? Por que ninguém avisou sobre a cor? E esse acabamento brilhante?*

De acordo com Maggie Paley (*The Book of the Penis*), vale tudo que se queira dizer: "era tão feio como um monstro alienígena, e parecia no comando". Kinsey (*Sexual Behavior in the Human Female*) descobriu que um pequeno número de mulheres sente tanta repulsa pelo membro excitado que sua resposta erótica fica inibida para sempre, uma situação infeliz, para a qual cabe acrescentar um conselho dado por uma personagem de Alan Ayckbourn em *Bedroom Farce*: "Minha mãe dizia, Delia, se o S E X O alguma vez levantar sua cabeça feia, feche seus olhos antes de ver o resto dele". A grande maioria das mulheres, é claro, chega a

---

[8] N. do T.: Biscoito em alemão.

bom termo com a realidade da mecânica sexual masculina: um rito de passagem. Sendo práticas por natureza, elas veem uma ereção como ela é, o reflexo de uma parte do corpo que serve a um propósito: ter sexo – mesmo que estejam de acordo com Esther Vilar ao pensar que "parece incrível... que um homem não possa tirar seu pênis após o uso e fazê-lo desaparecer, como uma antena de um rádio portátil". Ainda assim, como Susan Bordo (*The Male Body*) observa: "Que outra parte do corpo humano é tão capaz de satisfazer um desejo de corpo inteiro manifestado pelo outro?". É um assunto que agrada e fascina as mulheres o fato de elas mesmas serem fatores instrumentais para fazer o pênis acordar.

Não é surpresa que as mulheres fiquem curiosas para saber como é ter uma ereção, do lado da equação sexual do possuidor do pênis, sendo que este último acha quase impossível explicar. "Parece leve e pesado ao mesmo tempo, como um pedaço de chumbo com asas levitando como uma pipa", sugeriu Henry Miller (*Tropic of Cancer*); "Na fronteira entre substância e ilusão", ofereceu John Updike (*Bech: a Book*). A maioria dos homens diria que palavras são inadequadas. Na intensidade máxima um homem pode sentir que é todo ereção, e, talvez, como Boswell, sentir-se possuidor de um "vigor divino". Em seus sonhos noturnos, Molly Bloom pondera como seria ser um homem "só para tentar usar aquela coisa que eles botam, inchada, sobre você". Não é realmente uma proposição séria – os pênis servem para ser compartilhados com as mulheres, e então devolvidos. Alguns anos atrás, um *publisher* pediu a contribuição de 30 mulheres para um livro chamado *Dick for a Day,* e Germaine Greer em sua resposta falou pela espécie feminina, ao escrever: "O melhor seria livrar-se dele".

O tamanho do pênis é importante para as mulheres? Essa colaboradora da revista *FHM* não teve dúvida:

Caso você seja um desses caras que foi mimado por uma namorada compreensiva, a questão "Interessa o tamanho?"

> *não está mais em debate. O júri chegou a um veredicto sobre isso muito tempo atrás, e sim – como interessa! Pintos não fazem parada de mão, não cozinham refeições de gourmet, nem falam urdu. Eles entram e saem, entram e saem. O tamanho interessa!*

A conclusão, claro, é que algumas mulheres positivamente não gostam de pênis grande, como Sandra Corleone, em *The Godfather*, de Mario Puzo:

> *Quando vi aquele bastão de Sonny pela primeira vez, e entendi que ele ia enfiar aquilo em mim, eu gritei, assassino maldito... quando ouvi dizer que ele estava executando o serviço em outras garotas, fui para a igreja e acendi uma vela.*

Mas e a maioria das mulheres? Da Vinci pensava que "o desejo feminino é o oposto do dos homens. Elas gostariam que o tamanho do membro masculino fosse tão grande quanto possível, enquanto o homem deseja o oposto das partes genitais delas". Deixando de lado essa segunda observação, Da Vinci foi desmentido primeiro por Masters e Johnson, que nos anos 1970 concluíram que o tamanho não era importante para a satisfação sexual da mulher. Pesquisadores atualmente estão meio em desacordo quanto a essa afirmação. Se um pênis é volumoso (em oposição ao comprido), tem maior contato com as partes externas da vagina e portanto acredita-se que mande vibrações para o clitóris, o gatilho da resposta sexual da mulher. O debate que se segue é se isso é fisiologicamente significativo – ou se o pênis grosso é apenas uma predileção psicológica. O que não está aberto a uma reavaliação é a questão do pênis longo, considerado de importância secundária. "Se as coisas não estiverem tão ruins em outros quesitos, duvido que alguma mulher ligue muito para isso", observou a dramaturga Lillian Hellman (*Pentimento*).

Como Alex Comfort deixa claro em *The Joy of Sex*, "o orgasmo feminino não depende de entrar fundo na pelve". Há uma boa razão para isso, puramente fisiológica: apenas os primeiros 5 cm da vagina são ricos em terminais nervosos. Portanto, o longo e o curto, no caso, apenas indicam que, se não houver anormalidade chocante, nenhum pênis ereto é tão pequeno a ponto de não conseguir superar aquilo que os chineses chamam de forma poética de "o terraço de jade" e fazer o contato adequado onde interessa. E apenas em casos muito, muito excepcionais, um pênis é longo demais, e nunca grosso demais. Um jovem, a semanas de seu casamento, escreveu a Kinsey explicando que seu pênis ereto tinha 18,4 cm e 15,2 cm de circunferência, o que o levou a ficar "com medo de que meu órgão fosse grande demais para a relação sexual com uma mulher normal". Kinsey respondeu, "nunca vimos um único caso em que as dimensões do pênis causassem alguma dificuldade no ato. Temos certamente registros de ajustes bem sucedidos, com as medidas do pênis 5 ou 7 cm acima do seu". Ao dar segurança ao noivo, Kinsey não estava sendo inteiramente preciso: mesmo sendo a vagina elástica, um pênis "raro" na acepção kinseniana pode tocar o colo do útero, no fundo da pelve, e o fórnice posterior, causando dor; o homem com um pênis assim pode ter de usar o equivalente a um dispositivo externo para reduzir a penetração. Dito isso, a experiente Phoebe estava inteiramente correta ao dizer à inexperiente Fanny Hill que "nunca tinha ouvido dizer de um ferimento mortal infligido a tais partes por essa arma terrível". A vagina se acomoda bastante – afinal, pode dar passagem a um bebê ao nascer, e se fecha sobre qualquer pênis que lhe seja apresentado.

É claro que as mulheres têm preferências a respeito de partes do corpo humano, assim como os homens. Algumas, por exemplo, preferem pênis circuncidados, considerando-os mais agradáveis, outras gostam dos sem circuncisão, porque o prepúcio é um elemento adicional, sendo intrigante para elas que ele deslize para trás durante a ereção. Na análise final, se um homem é "*roundhead*" ou "*cavalier*"[9], isso não importa muito – assim como o seu tamanho. Se as mulheres têm preferência por "grandes" em uma dimensão ou em ambas, isso não estará em primeiro lugar em suas preferências. O que conta, se a mulher tem afeto pelo dono do pênis, é que ela não se liga em favoritismos – aceita o pênis como ele é: uma parte, um pedaço dele: "tão inocente, parecia parte dele, com vida própria, e não uma desagradável proeminência de um parasita instalado nele", numa frase de efeito de Updike, em *Couples*.

De qualquer forma, um homem sensível deve reconhecer o fato de que é mais provável que uma mulher se ligue nele mais pelos ombros largos, bunda sarada (caso ele a tenha) e por sua habilidade de fazê-la rir do que por seus genitais. Esse homem deveria estar à vontade com o que tem, lembrando o dito de Abraham Lincoln de que bastam as pernas de um homem serem longas o suficiente para chegarem ao chão. Afinal, o que interessa é que ele use o pênis para a satisfação de sua companheira, e de si próprio.

Todavia, pesquisas mostram que, quase sem exceção, não obstante o intelecto, a educação e a bagagem cultural ou étnica, os homens perguntam às mulheres se os pênis de seus parceiros prévios de cama eram maiores. Apropriando-se de uma observação do pintor Ferdinand Delacroix (falando sobre telas), "Os homens são mais dados a admirar o que é gigante do que o razoável".

Qualquer que seja a trajetória do pênis humano, Jared Diamond observa que ele é quatro vezes maior do que o biologicamente necessário e "como estrutura é custosa e traz danos para seu dono". E se o desnecessário tecido funcional "estivesse a serviço de um córtex cerebral extra, haveria grande vantagem para o homem com o cérebro reprojetado". Não é possível, em teoria, negar essa verdade – mas pode-se adivinhar que os homens que estivessem prontos para fazer essa troca seriam poucos, e dispersos. Como Philip Hodson ponderou em *Men: An Investigation*

---

[9] N. do T.: "Roundhead", literalmente "cabeça redonda", refere-se ao pênis circuncidado, enquanto "cavalier", ou cavaleiro, é o pênis sem circuncisão.

into the Emotional Male, se a maioria dos possuidores de pênis tivesse a opção, eles só ficariam satisfeitos "com falos beardsleyescos[10] de tais dimensões, que precisariam ser carregados com as duas mãos".

NOTAS DO AUTOR

[A] Em Antonio e Cleópatra de Shakespeare, um adivinho lê a sorte de duas de suas serviçais e diz para uma, Iras, que seu futuro é o mesmo da outra, Charmian. Iras argumenta: "Não tenho uma polegada de sorte a mais do que ela? Replica Charmian: "Bem, se você tivesse uma polegada de sorte a mais do que eu, onde a colocaria? Ao que Iras responde: "Não no nariz do meu marido". Um leitor não familiarizado com os colóquios elizabetanos pode pensar que Iras insinua que gostaria de ter o adendo exatamente onde não o quer.

[B] A quintessência dos manipuladores de palavras, o autor irlandês James Joyce ficou intrigado com o fato de que perder um espaço entre palavras gerou a máxima da perífrase: "A pena é mais poderosa que a espada", um sentido falocêntrico ainda mais dúbio – não que ele discordasse da observação de Simone de Beauvoir sobre a total supremacia masculina, em que "o pênis não é nem utensílio, nem espada, é apenas carne".

[C] Na onda das pesquisas da Durex e DP, e irritado com o tratamento dado aos asiáticos, considerados como um só grande grupo, surgiu um site asiático com a ambiciosa esperança de identificar variações entre japoneses, coreanos, chineses, filipinos, vietnamitas, cambojanos, laosianos, tailandeses, burmeses, malaios, indonésios, indianos do norte e do sul, cingaleses, paquistaneses, bengalis e nepaleses. Conseguiu apenas algumas centenas de respostas, e logo desapareceu.

[D] Em meados de 1990, foi roubado o vídeo da lua-de-mel do músico de rock Tommy Lee e da atriz Pamela Anderson, do seriado *Baywatch*, que apareceu em inúmeros sites da internet – e o pênis de Lee por um tempo tornou-se o mais visto do planeta. Era, por certo, um pênis de secundário, ou talvez de terciário interesse, mas a afirmação de Anderson de que este tinha o nome dela tatuado, e que "quando fica excitado, aparece: 'Amo Pamela muito, muito, ela é uma maravilhosa mulher e eu curto sua companhia até o décimo grau', não era, claramente, uma hipérbole de uma entrega total, mas também nada que houvesse impedido que eles se separassem mais tarde.

---

[10] N. do T.: Referência a Aubrey Beardsley, ilustrador inglês famoso pelos seus desenhos de pênis enormes e pelas suas representações de obras de Oscar Wilde e Aristófanes.

PARTE 2

O DOM DA PERFEIÇÃO MASCULINA

Você sempre vai se referir ao seu membro viril como sendo grande, magnífico, maior que qualquer outro; maior que o do seu pai, quando ele ficava nu para tomar seu banho. E vai dizer ainda: "Venha preencher-me, oh, minha maravilha".

Livro de cabeceira japonês do século VIII.

CAPÍTULO 1

DE ATOR SECUNDÁRIO A PROTAGONISTA

Ao final do século XVI, uma camponesa de 15 anos chamada Marie estava cuidando dos porcos da família quando eles escaparam para um campo de trigo. Ao correr atrás deles, Marie saltou sobre uma vala, ocasião em que, de acordo com o celebrado cirurgião francês Ambroise Paré, "os genitais e o membro masculino vieram a se desenvolver". Consternada, Marie correu para o médico e para o bispo, nenhum dos quais a ajudou. Resignada, deu a si própria o nome de Germain e foi servir ao rei, em seu séquito. Anos mais tarde, o ensaísta francês Michel de Montaigne, a caminho da Itália, interrompeu a viagem para ver o prodígio, que não estava em casa. Contaram a Montaigne que ele não havia se casado, mas que tinha "uma barba grande e muito grossa".

Se a mulher da Renascença ficava apreensiva de que uma atividade extenuante pudesse sujeitá-la a uma mudança de gênero ("ainda há uma canção, comum na boca das garotas", notou Montaigne, "em que elas previnem umas às outras que não afastem demais as pernas por medo de virarem homens"), o homem da Renascença ficava, no mínimo, indignado com a história de Marie/Germain, e outras semelhantes. Sua convicção era a de que o homem havia nascido para mandar na mulher e a Bíblia fornecia a evidência. "Todo o mundo foi feito para o homem", opinou o doutor e filósofo Sir Thomas Browne em *Religio Medici* (*The Religion of a Physician*) publicado em 1642. "O homem é a palavra completa, o sopro de Deus; a mulher é a costela, uma parte torta do homem." O mesmo vale para a biologia. Na primeira instância, como Deus fez o homem à sua imagem, conclui-se, *ipso facto*, que Deus era um colega possuidor de um pênis e a mulher, não tendo pênis, era inferior por definição; em segundo lugar, a autoridade médica considerava, como tinha feito por mais de mil anos, que todos os fetos eram do sexo masculino: as crianças do sexo feminino que nasciam não tinham conseguido atingir a perfeição masculina. Os órgãos de reprodução da mulher eram masculinos, mas em estado defeituoso: o útero era o escroto; os ovários, os testículos; a vagina era o pênis, e o lábio, o prepúcio. Estes, salvo o último, tinham ficado dentro do corpo feminino, porque a mulher não tinha gerado calor suficiente para expeli-los para fora – um processo aparentemente semelhante a virar uma luva do avesso.

Para os homens da Renascença, o pênis era o supremo presente de Deus, e o fato de que uma mulher pudesse de repente ganhar um não era apenas uma afronta a Deus e à ordem natural, mas também aos legítimos possuidores de pênis. Para Leonardo da Vinci, o corpo humano – do homem, dono de um pênis – chegava a ser uma analogia com os próprios trabalhos do universo, como representado no Homem Vitruviano.

Você pode culpar o médico grego Galeno pelo status inferior da mulher no pensamento ocidental. Foi ele quem erroneamente teorizou que havia um único modelo de fisiologia, embora nunca tenha visto o interior de um corpo humano (ele só dissecava cães e porcos). "Vire pelo avesso os da mulher [seus órgãos sexuais], e sobreponha os do homem, por assim dizer, e você vai vê-los iguais, em todos os sentidos", escreveu. E até que o Iluminismo, nos séculos XVII e XVIII, mostrasse que ele estava falando de, bem, um pau (ou bolas, se preferir), não havia palavras para denominar o correspondente conjunto feminino. Não é de surpreender que tenha ocorrido a Galeno que era uma alegre conveniência que metade da humanidade fosse composta por esses homens mal-acabados, permitindo, como era o caso, o nascimento de crianças, sem mencionar o prazer da relação sexual. O Criador, ele pensou, "não poderia 'de propósito' [ter feito isso], a menos que houvesse grande vantagem nessa mutilação".

Havia, em consequência, uma inferioridade feminina? De acordo com algumas interpretações da pré-história, a situação era muito diferente: a mulher comandava o homem porque era considerada encantada – misteriosamente, todo mês ela sangrava, mas se curava; produzia uma nova vida em seu próprio corpo. Seja como for, uma vez que o homem percebeu-se como necessário para que a concepção ocorresse, quem não tinha pênis ficou relegado a segundo plano. A visão de consenso de que isso, de fato, acontecia, surgiu há relativamente pouco tempo, há cerca de 10 mil anos, quando fazendeiros e vaqueiros começaram a controlar a sexualidade animal e somaram dois mais dois por conta própria. Atualmente, a maioria dos antropólogos e psicólogos evolucionários duvida desse cronograma, por tratar-se de um verdadeiro insulto para com nossos ancestrais de 10 mil anos, uma vez que eles contavam com um cérebro com a anatomia moderna havia mais ou menos 150 mil anos.

Tudo é conjetura. O inquestionável é que, se o pênis já foi apenas um extra na história da vida, quando a escrita apareceu há 5 mil anos seu nome já estava em destaque nos créditos do filme. "Ao longo de toda a história", como Isadora Wing pondera com perspicácia, "os livros foram escritos com esperma, não com sangue menstrual".

A mitologia evidencia o quanto isso é verdadeiro naquelas crônicas supernaturalistas sobre a aurora dos tempos e o nascimento da espécie humana. O deus egípcio Amon, por exemplo, fez o mundo nascer ao engolir seu próprio esperma e depois cuspi-lo. O deus Atum masturbou-se para criar o Nilo, enquanto na Mesopotâmia o deus Enki "levantou seu pênis, ejaculou e encheu o rio Tigre", e ainda teve energia para prosseguir e criar o rio Eufrates de maneira similar (ele também abriu canais de irrigação com seu pênis). O homem foi rápido ao criar os deuses segundo sua própria imagem: com um pênis – três, em algumas manifestações de Osíris, outra das múltiplas divindades penianas egípcias. Os fenícios chegaram a nomear o chefe de seus deuses de Assur, significando pênis, "o alegre".

E o homem já estava preocupado com o tamanho. O bastão celestial do deus indiano Shiva varou o mundo inferior e atingiu tamanha altura que chegou a apequenar o céu, de forma tão impressionante que os outros deuses prostraram-se em oração.

Havia, claro, no mundo antigo, deusas, assim como deuses, e o poder gerador feminino tinha seus adoradores, mas nenhum foi dominante em qualquer das culturas mais influentes. O pênis ereto (itifálico, ou duro) dominava os locais de convivência e os monumentos feitos à sua semelhança, geralmente em pedra (os japoneses também apreciavam o ferro), brotaram pelo mundo como dentes de dragão. Na Grécia, ao redor do século III a.C., a ilha de Delos exibia uma avenida de ereções maciças, apoiadas sobre prodigiosos testículos, apontando para o céu como canhões. As hermas, os mais famosos e sofisticados monumentos fálicos – eram pilares quadrados de pedra polida que sustentavam a cabeça barbuda de Hermes, o mensageiro dos deuses, e tinham na metade um "bastão de pênis" ereto – eram posicionadas em todo cruzamento para oferecer proteção ao viajante frequentemente untadas com óleo e vinho e tocadas a toda hora para dar sorte. As hermas ficavam na beira das estradas (como faziam as equivalentes japonesas, as *dosijinas*), em todas as esquinas e dentro de cada casa, assim como seus equivalentes egípcios, hindus, hebreus, árabes e de outros povos semitas. As tribos escandinavas e celtas da Europa colocavam pedras fálicas em pontos estratégicos de fronteiras e passagens.

Os romanos adotaram a herma, espalhando-as por todo o império, assim como tinham seus túmulos talhados à semelhança de sua própria cabeça e genitais. Roma adotou o deus grego Príapo, também (como Líber) um deus em estado permanente de atenção reverente – embora "phallus", a palavra que significa pênis em estado erétil, derive do deus Phallus, cujo culto de incansável atividade sexual estava sempre presente entre os rapazes gregos. Gregos, romanos e outras culturas esculpiram pênis nos muros de suas cidades, casas e banhos públicos, para espantar a má sorte, assim como protegiam suas plantações com réplicas – e até a própria coisa removida de criminosos e inimigos. Decoravam seus ornamentos caseiros com falos, faziam bolos fálicos durante festivais e usavam amuletos fálicos – *fascina*, em grego, palavra derivada de outra divindade fálica –, tudo para incrementar a potência sexual e proteger sua integridade física[A].

Imagens de deuses fálicos eram levadas em procissões sagradas, equipadas (de acordo com o historiador grego Heródoto, que visitou o

Egito no século V a.C.) com membros móveis "de magnitude desproporcional", aos quais eram atadas cordas para controlar seus movimentos. Muitos tinham um grande olho pintado na glande, uma versão inicial do olho da providência que tudo vê, sendo que as mulheres os sufocavam com tantas guirlandas e doces.

Não há exagero na reverência que havia para com a genitália masculina, ou na potência de que as suas representações as imbuíam. Os generais romanos vitoriosos entravam na cidade com uma réplica de pênis de grande tamanho, suspensa sobre seus carros de combate: símbolo de vitória, mas também um talismã contra a inveja dos outros. No Oriente Médio, não era raro para um novo rei comer o pênis de seu antecessor para absorver seu poder. Em Kioto, Japão, rapazes presentes no festival de uma deusa local problemática - por tentar separar jovens amantes -, carregavam sua imagem pelas ruas sem seus tapa-sexos, para mantê-la sob controle à simples visão de sua masculinidade.

Os homens e mulheres gregos e romanos às vezes seguravam em suas mãos sementes parecidas com testículos durante o sexo para incrementar o ato sexual. Registros históricos e evidências arqueológicas mostram que em quase todas as culturas moças jovens costumavam montar em um falo de pedra ou madeira, como o *lingam* na Índia, em que elas ofereciam sua virgindade aos deuses antes da noite de núpcias (ou, às vezes, conforme o poeta satírico romano Lactâncio escreveu, que apareça um deus "para ser o primeiro a receber o sacrifício de sua modéstia"); assim também fizeram mulheres mais velhas como cura para a infertilidade.

Entre os egípcios, romanos, árabes semitas e hebreus, os genitais masculinos eram tão estimados que chegavam a ser a base da lei civil. Os homens os seguravam com as mãos e juravam sobre o que seguravam. "Ó Pai dos Órgãos Viris, seja testemunha do meu juramento", entoavam os árabes. Os romanos faziam seus juramentos da mesma forma, segurando seus testículos ou "pequenas testemunhas" – por extensão, não apenas sua virilidade, mas sua probidade. Os hebreus iam mais longe, com os homens fazendo promessas ao segurar os genitais do homem para quem a promessa estava sendo dirigida. "Ponha suas mãos sob minhas coxas", Abraão, no Gênesis, ordenou a seu servo, "e jure por Deus... que não haverá uma esposa para meu filho que seja filha das terras de Canaã". Há outros exemplos assim em outras partes do Velho Testamento, quando, por exemplo, Salomão foi coroado rei de todo Israel, como relatado nas Crônicas, "todos os príncipes e homens poderosos, assim como todos os filhos do rei Davi, puseram a mão sob Salomão". Tradutores bíblicos, suando frio em cima do tema, recorreram a um rodeio obscuro de palavras. Não há evidência de que os antigos gregos jurassem genitalmente, mas, em Atenas, homens mais velhos acariciavam abertamente os testículos dos que não eram maduros o suficiente para ter barba, ao cumprimentá-los nas ruas. "O senhor encontra meu filho assim que ele sai do ginásio, fresco do banho tomado, e você não o beija, não lhe diz uma palavra, nem sente suas bolas!", queixa-se uma personagem da comédia de Aristófanes, *As Aves*. "E ainda diz ser nosso amigo!"[B]

O juramento genital parece não ter ido além de Roma e das culturas do Oriente Médio, mas um costume relacionado à Idade Média na Europa previa que uma mulher que acusasse um homem de estupro deveria jurar sobre a causa, com sua mão direita erguida sobre a relíquia de um santo – e a esquerda sobre o "membro pecador". O pênis como órgão supremo deixa de ser o árbitro de todas as coisas por volta de Renascença, mas continua sendo senhor de tudo o que o cerca. Durante e depois do Iluminismo, todavia, os avanços da medicina e a compreensão da condição humana, assim como a diminuição das superstições, foram erodindo a base de seus poderes. Mas no início do século XX veio o campo inteiramente novo da psicanálise, e o pênis, mesmo sem retornar a seu pedestal, estava de novo em alta, graças à conclusão de Sigmund Freud, de que as mulheres sofrem de inveja do pênis. Em sua hipótese, quando meninas, ao verem o pênis de um irmão ou amiguinho, elas logo o reconhecem como uma contrapartida superior de seu "pequeno e escondido órgão", e caem vítimas da inveja – uma emoção só resolvida quando seu desejo subconsciente por um pênis "é trocado pelo desejo por um homem". Freud concluiu ainda que as mulheres também invejam o pênis como um dispositivo urinário. Na infância elas também são testemunhas do momento em que os meninos pequenos se aliviam e manipulam seus pênis, como se estivessem brincando de alguma coisa (o sabre de luz de Jedi nada tem a ver com isso) – e ficam desapontadas por lhes ter sido negado o mesmo prazer daquela manipulação inventiva (além disso, quem não tem pênis precisa se sentar; ele tinha pena delas). Como outros em sua profissão, ele acreditava que essas primeiras experiências fizeram com que muitas mulheres associassem o pênis com uma mangueira de jardim, porque, como uma das pacientes de Havelock Ellis explicou, "utilizar uma mangueira parece tão delicioso quanto segurar um pênis".

Não é à toa, você poderá pensar, que as mulheres gostam de molhar canteiros de flores.[C]

CAPÍTULO 2

INFLUÊNCIA SEMINAL

Os atenienses acreditavam que o pênis pequeno não era apenas preferível esteticamente e sexualmente a qualquer coisa maior, mas era também um mecanismo superior de entrega para a concepção humana.

Aristóteles forneceu a razão científica. Tendo uma distância menor a percorrer no pênis, argumentou, o sêmen chega quente a seu destino, na condição requerida (outro argumento que ainda pode levar um homem de pênis pequeno a uma posição de destaque em algumas circunstâncias).

No mundo antigo, o sêmen, como o próprio pênis, era visto quase como um milagre. O sêmen era a mais preciosa das substâncias. Os gregos estavam convencidos de que o sêmen de um homem mais velho recebido por um mais moço, numa relação homossexual, ajudava a construir a masculinidade do receptor e transmitia-lhe sabedoria. Os romanos celebravam a primeira ejaculação de um filho como parte do feriado festivo de *Liberalia*. Assim como eles protegiam seus campos com réplicas de pênis, os romanos, assim como os gregos e outros povos, espalhavam sêmen para fazer crescer a colheita, uma prática ainda corrente em regiões da África. Em época tão recente quanto a primeira parte do século passado, o povo Zuni, do Novo México, ainda conduzia um de seus padres transexuais em lombo de cavalo até as planícies, na primavera, masturbando-o para assegurar o retorno do búfalo.

Por séculos afora, no Oriente e no Ocidente, creditaram-se propriedades mágicas ao sêmen. O naturalista romano Plínio, o Velho, considerava-o um antídoto para picadas de escorpião; 1,4 mil anos depois, o médico e alquimista suíço-alemão conhecido como Paracelsus convenceu-se de que um homem poderia ser criado exclusivamente com o sêmen, eliminando o intermediário, no caso, a mulher. Ele escreveu:

Deixe o sêmen de um homem apodrecer em uma cuia de vidro. Sele-o com esterco de cavalo por 40 dias, ou tantos quanto necessário até que ele comece a ficar vivo, mover-se e rodopiar... Depois disso, ele será algo como um homem, mas transparente, sem um corpo. Feito isso, caso ele seja alimentado todo dia com sangue de homem, e por 40 semanas seja conservado em um calor constante igual ao do esterco de cavalo, ele se tornará uma criança verdadeira, viva, com todos os membros de uma criança nascida de uma mulher.

Quando estava morrendo, Paracelsus teve seu pênis cortado e enterrado em esterco, desejando ser ressuscitado como um jovem viril, um truque de acerto menos provável do que transformar qualquer metal em ouro.

Considerando a visão exagerada que os homens tinham do pênis e do sêmen, não é surpresa que o mundo antigo desse pouca importância à participação da mulher na concepção. Tanto Hipócrates, o pai grego da medicina, quanto Galeno acreditavam que a mulher, assim como os homens, produzia sêmen, mas, embora o delas tomasse parte no processo, era frio, aguado e insignificante; o sangue menstrual, por sua vez, era a contribuição essencial da mulher, porque alimentava o feto. Essa disponibilidade, Galeno disse, devia-se ao fato de que a mulher não era "perfeitamente quente" como eram os possuidores de pênis, e o resultado é que esses últimos tinham sangue sobrando em relação às necessidades de seu corpo comparativamente frio.

Sêmen, em grego e latim, significa semente, e a palavra já define a respectiva parte que os sexos supostamente desempenhavam na formação do bebê. Como um texto hindu de cerca de 100 d.C. decretou: "Na lei, a mulher é considerada como o campo e o homem é o grão". Aristóteles igualava o homem a um carpinteiro e a mulher à madeira que ele trabalhava. Uma mulher, ele disse também, era uma "mera incubadora". "A mãe não é a verdadeira fonte da vida", Ésquilo fez o deus Apolo dizer em *Eumênides*. "Nós a chamamos de mãe, mas ela é mais uma enfermeira: ela é a vala onde a semente é lançada. Quem monta é o verdadeiro pai, a mulher cuida da planta enquanto cresce."

A questão de todas as épocas, que sempre fez exercitar o pensamento, era: de onde, na anatomia masculina, provinha o sêmen? Os sumérios achavam que derivava dos ossos; os egípcios, mais especificamente, da coluna vertebral. Hipócrates ensinava que o sêmen vinha do cérebro, direto até o pênis, o que Galeno mais tarde emendou dizendo que chegava do cérebro até o testículo esquerdo, onde era purificado e aquecido até o "auge da mistura", passando então para o direito para aguardar sua utilização. Isso levou Aristóteles a acreditar que o sêmen tivesse a ver com a medula óssea e a espinha dorsal, já que ambos eram feitos de uma substância branca, para concluir que um menino emanava de um sêmen perfeito, do testículo direito, e a menina provinha de um sêmen de processamento incompleto, do lado esquerdo. Concluiu, por extensão, que os meninos crescem do lado direito do corpo da mulher, enquanto as meninas crescem do lado esquerdo, menos favorecido. Enquanto isso, japoneses, chineses e hindus também identificaram o cérebro como a fonte seminal, acreditando até que se um homem evitasse ejacular no momento crítico ele poderia reverter o fluxo de sua essência vital e enviá-lo na direção oposta, para nutrir essa sua fonte (de acordo com a tradição indiana, um asceta muito desenvolvido, que tem domínio sobre um corte, sangra sêmen, não sangue). Chineses e hindus, assim como Galeno, consideravam que o sêmen era extraído do sangue nos testículos – os chineses quantificaram: para 10 gotas de sangue, 1 gota de sêmen, ou 40, para os hindus.

Nenhuma dessas culturas opinava que a semente era produzida nos testículos.

A visão de que todas as famílias de certa forma eram monoparentais modificou-se com os séculos, mas a contribuição feminina continuou sendo vista como secundária. No século XVI havia a convicção de que o sêmen de um homem transmitia não apenas vida, mas as características da criança. Idealmente, a criança de sexo masculino tinha a identidade completa do homem. A visão que persistiu até o final do século XVIII era a de que se um homem gerasse uma criatura fraca ou uma filha, a falha deveria ser da mulher, por não ter sido submissa o suficiente, ou pelo fato de a concentração do homem ter sido quebrada, fazendo com que ele desperdiçasse sua energia, como aconteceu com o pai de Tristam Shandy no ato de gerar seu herdeiro:

> *Diga, meu querido, disse minha mãe, não esqueceste de dar corda no relógio? – Deus do Céu! – gritou meu pai, com uma exclamação, mas cuidando de moderar sua voz ao mesmo tempo, – Será que toda mulher, desde a criação do mundo, interrompe um homem com uma questão tão tola?*
> (The Life and Opinions of Tristam Shandy, Laurence Sterne).

Durante a Renascença e mesmo mais tarde, a mentalidade médica predominante seguia a tradição aristotélica; um dos desenhos anatômicos de da Vinci, embora baseado em dissecação, mostrava um canal seminal – que não existe –, da coluna espinhal até os genitais (a conexão da espinha explicava porque o sêmen foi chamado por muito tempo de "medula"). Mas havia outras afirmações. O livro de anatomia de Nicholas Culpeper, em 1668, destacava que havia quem acreditasse que o sêmen era produzido nos rins "porque rins quentes provocam a propensão ao desejo carnal". Outros acreditavam que os ingredientes do sêmen se originavam em diversos órgãos, combinados no orgasmo – conclusão advinda da observação de que o orgasmo parecia envolver o corpo todo.

Aristóteles não concordou com a teoria das duas sementes de Galeno; ele acreditava que toda criatura viva provinha de ovos, e ensinava que o feto crescia do sêmen do homem, que coagulava em um ovo dentro dos "testículos" femininos. Não foi senão ao final do século XVII que o cirurgião holandês Regnier de Graaf descobriu que um ovo era de fato necessário para a concepção – mas que, no caso, era da mulher. Mesmo entendendo que esse ovo viajava do ovário para o útero, ele rejeitou a noção de que a biologia feminina era a responsável direta. Ele decidiu que estava tratando da *aura seminalis* – um antigo conceito de filosofia que acreditava que "natureza, qualidade, caráter e essência" de um futuro ser humano não eram corporais, mas espirituais, um tipo de agente astral. O que ele decidiu afinal foi que a *aura seminalis* era corporal – ela era o "vapor pungente" do sêmen.

Três anos depois, em 1678, outro holandês, o microscopista Antonie van Leeuwenhoek, foi o primeiro a ver os milhões de espermatozoides em uma amostra de sêmen (o que, ele observou com precisão, vinha do "excesso com o qual a Natureza me contemplou em minhas relações conjugais, não um mecanismo pecaminoso"). Ele também rejeitou a teoria do ovo, proclamando que um minúsculo humano, totalmente desenvolvido – um *homunculus* – residia em cada espermatozoide. Tão correto isso pareceu para outros homens da ciência que logo surgiram mais visões de homúnculos, e os teólogos então ponderaram se o conteúdo do "fluido fecundante" de Adão tivera pequenos humanos dentro de pequenos humanos, como uma série de bonecas russas, as *marioshkas*.

Seriam necessários mais 200 anos até que a teoria básica da concepção humana – o óvulo encontra um único espermatozoide, que contribui com metade da formação do feto – fosse entendida. Quando foi, acabou a antiga crença de que o orgasmo da mulher era essencial para a concepção, e de que dele dependia inteiramente a geração de calor. Os gregos acreditavam que o homem, em virtude de ter as calorias perfeitas e pelo vigor de seu ato sexual ("a fricção das pedras"), gerava calor naturalmente, formando a "espuma do humor espermático"; mas as mulheres, criaturas frias que eram, necessitavam que o homem ministrasse o seu aquecimento. Todas as culturas continuaram com essa crença (os saxões chegaram a chamar o pênis de "membro da ignição") e não faltavam conselhos sobre como um homem poderia levar uma mulher à combustão. "Manipule as suas partes secretas, e as tetas, e ela poderá pegar fogo de desejo", escreveu John Sadler em 1936, "assim toda a extensão do útero vai se alongar e contrair, fervendo de desejo".[D]

Os chineses, além da crença na conexão calor/orgasmo, também eram admiradores do orgasmo da mulher, não só para o prazer dela, como, mais particularmente, para o bem-estar do homem; o orgasmo feminino garantia que seu *yin* atingisse a potência máxima, incrementando assim seu *yang*. "Com quanto mais mulheres o homem praticar o ato sexual", aconselhava *The Way, The Supreme Path of Nature*, uma filosofia que dominou o pensamento chinês por mais de 2 mil anos, "mais benefícios virão do ato".[E]

CAPÍTULO 3

O CULTO RELIGIOSO AO FALO

No auge do domínio colonial britânico na Índia, as mulheres dos missionários vitorianos, comerciantes e militares ficavam chocadas ao constatar que, a cada dia, um sacerdote de Shiva emergia do templo, nu, e seguia pelas ruas fazendo soar um pequeno sino – um sinal para que todas as mulheres saíssem de casa para beijar seus genitais sagrados.

A ocidentalização erodiu o culto do *lingam*, mas a Índia permanece como a única região do mundo em que a adoração do pênis, suas orações, rituais e narrativas lendárias continuaram desde a pré-história, sem interrupção. No que de mais místico e tântrico foi atingido pelo hinduísmo e budismo, espalhando-se para o Oriente aos vizinhos da Índia e Pacífico Sul, ainda se diz que os devotos se enxergam como meros "possuidores de pênis", sendo cada um o servo de seu órgão sexual, que eles consideram como uma entidade viva, separada, uma divindade de direito.

Os adoradores de Shiva não buscam muita ajuda na hidráulica para uma união elevada com a criatividade seminal do mundo.

O culto ao falo, como base de uma fé, sem dúvida atinge todo mundo nos dias de hoje, perturbando alguns e sendo considerado ridículo por outros.

Mas, de acordo com o respeitado orientalista Alain Daniélou, primeiro tradutor do *Kama Sutra*, desde o vitoriano Sir Richard Burton "talvez não tenha havido uma religião em que não exista um substrato do culto ao falo". Isso inclui o cristianismo. As mulheres dos colonialistas vitorianos sairiam em busca de seus sais se tivessem sido informadas de que a cruz, o próprio cerne da crença cristã, é de fato uma representação estilizada da genitália masculina, sendo a peça vertical, o pênis, e as peças laterais, os testículos – um símbolo pagão anterior à cristandade, ao longo de incalculáveis milênios. O pênis e os testículos são também a origem da Santíssima Trindade, parodiada pelo romancista Henry Miller em *Black Spring*: "Frente a mim, sempre a imagem do corpo, nosso deus trino, de pênis e testículos. À direita, Deus Pai, à esquerda, pendurado pouco abaixo, Deus Filho, e acima, entre eles, o Espírito Santo".

O mundo antigo estava convencido de que um homem precisava ser "completo em todas as suas partes" para chegar à outra vida, e tinha uma pálida visão da mulher, que prejudicava o currículo masculino. A Assíria até legislava a respeito:

> *Se uma mulher esmagar um dos testículos de um homem em uma briga, um de seus dedos deve ser cortado, e mesmo que um médico tenha aplicado um curativo, caso o segundo testículo tenha sido afetado ou inflame, ou se ela esmagou o segundo testículo nessa briga, ambos os seus seios devem ser arrancados.*

O judaísmo adotou um ponto de vista similar. Nos únicos versos de todo o Velho Testamento que proíbem a mulher de ajudar seu marido, o Livro do Deuteronômio adverte que, se dois homens se envolvem em uma briga de rua "e a mulher de um deles chega para livrar seu marido da mão daquele que o fere, e ela, estendendo a mão, lhe pegar pelas vergonhas, será decepada a sua mão: então, embora a mão dela deva ser amputada, teu olho não terá piedade dela". O cristianismo não deu sequência à punição, mas seguiu o Deuteronômio no ameaçador aviso de que "ele que for ferido em seus ovos, ou tiver suas partes privadas decepadas, não entrará na assembleia do Senhor".

Tão preciosa, de fato, era a genitália masculina que a Idade Média aceitava o fato de o novo pontífice ser obrigado a se sentar em uma cadeira especialmente construída, a *sedia stercoraria*, que tinha um orifício circular por onde um cardeal enfiava a mão por baixo, para assegurar que Sua Santidade tinha as qualificações para o emprego, antes de anunciar solenemente "*Testiculos habet et bene pendentes*" – "Ele tem testículos e bem pendentes".

Essa lenda é boa demais para não ser verdade, mas infelizmente não é. Que tal cadeira tenha sido usada na coroação de um papa é fato – mas era originalmente uma cadeira sanitária romana, ou cadeira para parturientes, anterior ao cristianismo. O resto só pode ser chamado de invenção papal: uma ficção derivada de outra ficção, como a existência de uma papisa chamado Joana, uma inglesa que, por volta de 850, teria se disfarçado de homem para receber as ordens sagradas e ascendeu ao mais alto ofício da Igreja. Como resultado dessa enganação, a Idade Média acreditava que o teste da cadeira tivesse sido introduzido para assegurar que alguém sem pênis não viesse a tentar outra vez – não se trata de adoração fálica, mas sem dúvida é uma reverência à supremacia do falo.

Os primeiros cristãos demoraram para descartar a adoração do falo; de fato, até o século V d.C. suas convicções fálicas e crenças monoteístas conviviam felizes, lado a lado: os falos eram carregados em procissões religiosas cristãs e continuavam a ser entalhados em igrejas; o espermacete de velas era pingado no batistério, representando o sêmen. Com o passar do tempo, a Igreja absorveu e transmutou aspectos do culto ao falo, e começou a se livrar dele, mas com pouco sucesso: no início do século VIII, o teólogo/historiador Venerável Bede escreveu que Redwald, o mais famoso rei de East Anglia, tinha dois altares, "um para Cristo, outro para os demônios". A Igreja lançou editos em abundância contra práticas fálicas e introduziu penas cada vez mais severas, mas não conseguiu que a maioria dos fiéis mudasse seus hábitos, nem mesmo muitos integrantes do clero. No século XIII, o padre da igreja da cidade escocesa de Inverkeithing foi levado para seu bispo por ter liderado uma dança de fertilidade em torno de uma figura fálica, no pátio da igreja, na Páscoa. No XIV, o bispo de Coventry foi acusado diante do papa de ter "homenageado o diabo".

Logo após o fim da Segunda Guerra Mundial, Geoffrey Webb, ex--professor de belas-artes em Cambridge, então secretário da *Royal Comission of Monuments*, recebeu a missão de supervisionar as igrejas inglesas que tinham sido afetadas por bombardeios. Em uma, a explosão havia deslocado a mesa do altar, revelando o seu interior pela primeira vez em 800 ou 900 anos. Lá dentro, Webb encontrou um entalhe de pênis. Após investigar muitas outras igrejas, ele encontrou pênis entalhados em 90% das igrejas construídas até a época da Peste Negra, que dizimou a Europa em meados do século XIV.

A Europa Medieval, com devoção cristã ou não, simplesmente continuou a acreditar no pênis como um talismã e um seguro contra a má--sorte. Os padres conduziam os fiéis com problemas na questão sexual (mulheres que não conseguiam engravidar, mulheres de homens impotentes, os próprios homens impotentes, homens e mulheres com doenças venéreas), até a pedra fálica local, pensando evidentemente que, ao tocá-la, abria-se um canal de comunicação com uma autoridade maior do que eles poderiam alcançar. Por toda a Europa e Grã-Bretanha, o povo usava amuletos fálicos e as mulheres assavam bolos fálicos, do mesmo jeito que em Atenas e Roma. E durante o plantio da primavera e a colheita do verão, o povo tomava parte em festivais de fertilidade, como aconteceu por toda a existência humana, em Roma, no ritual conhecido como Saturnália (famoso por fugir do controle). Durante tais festivais, travessuras sexuais eram uma fuga catártica e os casais levaram a sério "tornar as costas verdes", como Shakespeare afirma, os homens passavam pelas ruas carregando falos de madeira, atiçando as mulheres com objetos pontudos ou entrando nas casas para cutucá-las (em certa época a cutucada era real, de acordo com citações históricas, e eram bem-vindas).[F]

E então havia a extraordinária cerimônia conhecida como Festa dos Tolos, celebrada em dezembro, ocasião em que se debochava da Igreja, e com frequência descambava para a vulgaridade e a promiscuidade, com o clérigo e alguns de seus paroquianos tirando toda a roupa. De acordo com o professor francês e bibliófilo Jean-Baptiste du Tillot, os bispos não tinham poder para conter esses embalos, embora tentassem moderá-los. Daí uma norma de 1444, das autoridades da catedral de Sens, no norte da França, de que "os que desejarem copular saiam antes da igreja".

O embate entre cristianismo e falicismo continuou. De forma pragmática, a Igreja absorveu os bolos fálicos, na Páscoa, ordenando que levassem a marca da cruz (com suas origens fálicas há muito esquecidas) – os bolos quentes da cruz. Os dias de festas pagãs foram transmutados em dias de santos, e a Festa dos Tolos tornou-se a Festa da Circuncisão. E a cristandade lutou contra o pênis usando o próprio pênis, ou melhor, o prepúcio, divulgando ter descoberto o próprio, o do menino Jesus, removido na circuncisão – a única parte dele, claro, que não subiu aos céus.

A mais antiga referência ao santo prepúcio foi feita no ano 800 d.C., quando o imperador Carlos Magno coroou o Papa Leão III e apresentou a ele o prepúcio. Daí para frente houve muita rivalidade na posse da relíquia. Dependendo do que se lesse, havia oito, doze, quatorze até dezoito prepúcios sagrados em várias cidades da Europa, na Idade Média. O mais celebrado foi enviado em 1100 para a Antuérpia pelo Rei Balduíno I, de Jerusalém, que o comprou durante a Primeira Cruzada. Outro, na abadia de Chartres, foi emprestado por Henrique V (de Agincourt) quando sua mulher Catarina estava prestes a dar à luz, para aliviar os trabalhos de parto. Quando perguntado, no século XII, sobre qual seria o artigo genuíno, o Papa Inocêncio III escusou-se, alegando que só Deus saberia. Por mais que muitos prepúcios sagrados tenham sido reivindicados, todos menos um foram destruídos durante a Reforma e a Revolução Francesa. Aquele que sobreviveu foi levado em um relicário pelas ruas do vilarejo italiano de Calcata, ao norte de Roma, até 1983, na Festa da Circuncisão (embora tenha sido eliminada do calendário da Igreja em 1954). Neste ano foi aparentemente roubado da casa de um pároco. A opinião popular era a de que a informação do roubo foi uma maneira de o Vaticano terminar com a prática – que nem mesmo a ameaça de excomunhão datada de 1900 conseguiu eliminar.

Ao longo da Idade Média, assim como por todos os séculos antes dela, o pênis do menino Jesus foi objeto de inúmeros artistas – mas nunca circuncidado, como se o Filho de Deus não pudesse ser visto incompleto. A Igreja proibiu a exposição direta dos genitais de

Jesus (daí o improvável pedaço de pano enquanto ele ficou pendurado na cruz), mas durante a Renascença foi considerado teologicamente aceitável que artistas alemães e holandeses mostrassem um Cristo em sofrimento ou crucificado com uma ereção. Na última idade de poder real do pênis no Ocidente, a ereção de Cristo foi uma imagem dupla: da virilidade de Deus, como fonte da vida, e do humanismo de seu Filho como homem – também com o duplo sentido da Paixão (e, sem intenção, da ascensão de Cristo).

A Igreja precisou chegar até o século XVIII, no mínimo, para eliminar a livre prática fálica dos fiéis. Até então, pessoas de muitas regiões da França, Bélgica, Itália e Suíça oravam para deidades fálicas. A resposta engenhosa da Igreja foi a de que as estátuas dessas deidades (Foutin, Eutrope, Arnaud e Ters, entre outras) eram realmente aquelas dos santos cristãos, e até se chegava a contar histórias sobre eles. E as mulheres sem filhos recebiam a penitência de visitar o local de seu "santo" fálico. Elas faziam isso não apenas para orar, mas para arrancar pedaços de seu grande falo de madeira, misturando-os com água: uma bebida que remediaria milagrosamente a sua infertilidade – ou então poria chumbo nos instrumentos de seus maridos. Quando o falo de madeira ficava muito desgastado, o padre restaurava o seu formato, com algumas poucas batidas subreptícias, usando uma marreta, atrás do altar. Em Montreux, na Suíça, um hábito comum na festa do santo fálico local era que os rapazes misturassem seu sêmen com água para tentar fazer com que a garota que os interessava tomasse.

Esse falicismo estava vivo, e bem – e fazendo bons negócios há apenas cerca de 200 anos, em 1786, como foi constatado pelo enviado inglês a Nápoles, Sir William Hamilton, que escreveu para o presidente da Real Sociedade explicando como em uma parte pouco explorada da região da Isernia ele encontrou os camponeses adorando "o grande artelho de São Cosme". Depositou as provas de seus achados no Museu Britânico.

Durante uma feira de três dias em setembro, Sir William encontrou as relíquias de dois santos fálicos (o outro era Damião) que eram carregados em procissão da catedral até uma remota igreja antiga, onde "um prodigioso número de pessoas" carregava pênis de cera, "alguns com a dimensão até mesmo da palma da mão", comprada de vendedores de rua. No vestíbulo da igreja, os que carregavam esses objetos – na maioria, Sir William notou, mulheres – beijavam suas ofertas votivas antes de entregá-las, junto com uma quantia em dinheiro, a um padre sentado a uma mesinha. "*Santo Cosme benedetto, cosi lo voglio*", muitas murmuravam ao fazer isso: "Abençoado Santo Cosme, assim o desejo" – uma prece com diversas possibilidades de interpretação. Na igreja, homens e mulheres exibiam quaisquer enfermidades de seus corpos, "sem exceção nem mesmo para a parte que era o objeto dos ex-votos", para ser untada por outro padre com o "óleo de São Cosme", que tinha grande reputação, especialmente "quando são untados os grãos e outras partes adjacentes". No dia da festa de São Cosme, a igreja consumia 1,4 mil frascos daquele material.

CHOQUES ENTRE SÍMBOLOS

Seriam símbolos de adoração fálica as torres, minaretes e domos que se erguiam sobre os templos? Dado o fato de que quando o mais antigo deles foi erigido a religião não tinha se livrado da adoração fálica, eles certamente foram ícones dessa prática, de acordo com a maioria das autoridades. Como a cruz, o bolo quente com uma cruz da Páscoa, e uma lista de artigos religiosos quase sem fim que pode ter origem fálica (em alguns casos já admitidos), torres e minaretes fálicos e cúpulas testiculares há muito tempo perderam seu significado. Mas negar que esse significado já foi muito real seria, como o respeitado J.B. Hannay escreveu (*Sex Symbolism in Religion*) em 1922, como discutir Hamlet sem o príncipe.

O simbolismo fálico é tão antigo quanto a adoração fálica, e quase tudo que lembre a genitália masculina no reino natural ou animal já recebeu um significado fálico em algum período da história – nesse sentido, há nisso muito de metafórico. A literatura de qualquer cultura segue o simbolismo fálico. Na mitologia grega, o raio de Zeus, o tridente de Posêidon e o caduceu de Hermes, para não mencionar os "bastões maciços" portados por Hércules e Teseu, os super-heróis da Antiguidade, eram todos símbolos de potência e poder do pênis, assim como os martelos de Norse, os *dorjes* tibetanos, as espadas dos caldeus, os dragões chineses, a vara de condão dos curandeiros ou dos magos e o cetro do monarca (com um globo como "testemunha", tendo uma cruz em cima para reforçar a ideia).

Muitos símbolos fálicos foram só de seu tempo. O sol se pondo foi visto na pré-história como a ponta grossa do pênis mergulhando na terra feminina, e a chuva que umedecia e fertilizava a terra lembrava um tipo de sêmen artificial – algo que surge nos mais antigos estratos de muitas literaturas. Quando raios de lua eram considerados fálicos, as mulheres não dormiam sob sua luz para evitar que engravidassem deles. Antes que fosse comum ter as portas da casa trancadas, as senhoras bem de vida tinham procuração do dono da casa, possuidor de um pênis, para levar uma "*chatelaine*", chave presa ao seu corpete – símbolo da autoridade do dono da casa, para mover trincos de portas, quando um dedo faria o mesmo serviço facilmente.

O tempo neutralizou a maioria dos símbolos fálicos, incluindo o mastro enfeitado de cada vilarejo. Uma parte da devoção de fertilidade pagã na pré-história e um símbolo copulatório na Idade Média, o mastro enfeitado foi queimado pelos protestantes, na Reforma e banido por Cromwell ("uma vaidade pagã, geralmente cheia de superstição e má-intenção"), e mesmo tendo retornado durante a Restauração perdeu qualquer significado sexual que restasse, de modo que no século XIX, quando surgiram as fitas para os casais que dançavam se entrelaçarem, foram erroneamente considerados uma inocente lembrança de uma Inglaterra feliz que nunca existiu.

A partir do século XIX, o simbolismo fálico saiu da consciência geral. Mas os psicanalistas o trouxeram de volta, em grande estilo –

colocando-o como algo enfronhado no subconsciente. Na *Interpretation of Dreams,* Freud listou vários símbolos fálicos habituais na história e adicionou muitos outros, incluindo gravatas, ("que ficam penduradas e não são usadas por mulheres") e "balões, máquinas voadoras, e mais recentemente, dirigíveis Zeppelin", porque todos eles têm em comum a "característica mais marcante do órgão masculino... levantar, em desafio à lei da gravidade".

Com o surgimento do rock, nos anos 1960, o antropólogo Desmond Morris elegeu a guitarra elétrica como novo símbolo fálico. O violão tradicional, escreveu no livro *The Human Zoo,* com suas curvas e sua forma acinturada, era essencialmente feminino; a guitarra elétrica, todavia, propiciou uma mudança de sexo:

> *o corpo (com seus testículos simbólicos) ficou menor, menos acinturado e com cores mais vivas, permitindo à trave (seu novo pênis simbólico) ficar mais alongada. Os próprios intérpretes ajudaram ao usar a guitarra em posição cada vez mais baixa, até que agora elas ficaram centralizadas na região genital.*

E, claro, se o violão é em geral acariciado na altura do peito, a guitarra elétrica, manipulada em ângulo ereto, recebe repetidos golpes violentos de um jeito que pode ser descrito como masturbatório.

O que é fálico, às vezes, está só no olho de quem vê. Salvador Dalí tinha o hábito de superpor mentalmente três torres de igrejas que foram significativas em sua vida, para ajudá-lo a se masturbar; quando Aubrey Beardsley arrancou um dente, fez um desenho dele e escreveu em seu diário: "Até meus dentes são um tanto fálicos" (coincidência total que o poeta americano Walt Whitman tenha descrito o pênis como "um dente saliente").

Objetos inocentes assumiam, com frequência, uma aparência fálica para o Conde de Rochester quando ele estava embriagado. Passando pelo jardim Whitehall após uma noite inteira de bebedeira com o rei e outros, ele viu a peça preferida de Sua Majestade, o mais raro relógio de sol da Europa, feito de esferas de vidro, e gritou "Isso está aqui para foder o tempo?" e fez o aparelho em pedaços com sua espada.

A psiquiatria moderna em sua maior parte saiu do simbolismo fálico, rotulando-o de subjetivo e não científico, e isso pode ser verdade de fato. Mas para a maioria das pessoas, em um enfoque superficial, "fálico" é uma denominação reflexa para tudo que seja rígido e para cima, como um mastro para desfraldar bandeiras, ou um poste de iluminação, torre, edifício residencial, ou arranha-céu; como a heroína do romance de Amanda Craig *Foreign Bodies*, diz, de forma dúbia, ao ver uma ereção pela primeira vez: "É, suponho, a base de um grande feito para a arquitetura". E o simbolismo fálico segue sendo querido dos escritores da literatura de primeira linha, e, claro, de produtores de filmes: tumescência (trens entram em túneis, foguetes são lançados ao espaço, fogos de artifício sobem ao céu, ondas-gigante varrem a terra); ejaculação (erupções vulcânicas, rolhas de champanhe que saltam, fogos de artifício que se espalham, ondas violentas que batem nas pedras ou invadem o terreno), e detumescência (balões de ar quente desinflam, chaminés detonadas quebram, fogos de artifício caem, ondas provocam erosão em rochas ou na costa). Mas os arqueólogos e os antropólogos são, com certeza, os mais envolvidos em simbolismos fálicos. Foi o que admitiu o antropólogo Richard Rudgley alguns anos atrás em um programa de televisão, ao buscar segredos da Idade da Pedra nas ruínas de um templo maltês, construído há 3,5 mil anos: "É uma ocupação perigosa. A gente acaba sentindo muito medo a cada lugar".

Sem dúvida, o símbolo fálico mais conhecido dos tempos modernos é o charuto. De fato, Freud, fumante de charuto que se recusou a parar de fumar apesar do câncer na boca (sim, ele concordava amavelmente com seus amigos, fumar era como uma felação homossexual), ficou tão cansado de ouvir as palavras "fálico" e "charuto" em conjunto, que suspirou: "Às vezes um charuto é apenas um charuto". Ou então, como mostra o caso Bill Clinton e Monica Lewinsky, às vezes não é.

CAPÍTULO 4

EXIBA-O!

Dada a admiração da Grécia Antiga pelo pênis, não é surpresa que os homens se exercitassem nus no ginásio (*gymnos* significa nu) e participassem também nus dos concursos atléticos. Mas, no século V a.C., o período da maior florescência da cultura ateniense, os estrangeiros ficavam atônitos ao ver que os homens atenienses, quando jovens, tinham o hábito de exibir os genitais em seu dia a dia. Enquanto homens mais velhos usavam uma túnica (*chiton*) sob uma capa de verão ou de inverno, os jovens, não. E a capa leve de verão (*chlamys*), que ia só até a coxa, se erguia com frequência nas atividades normais (sem falar do efeito da brisa). Os atenienses consideravam que a cabeça do pênis não deveria ser vista em público, por isso os jovens puxavam seus prepúcios sobre a cabeça do pênis e os prendiam com uma tira, ou fixavam o membro próximo ao corpo com uma presilha circular chamada *fíbula*.

Os meninos pequenos podiam ser observados por todo lado divertindo-se ao tirar suas roupas para mostrar aquele seu pedaço de carne. E por que não?, perguntou o sexólogo Alex Comfort, "afinal, os pênis são uma das melhores coisas que possuímos". Se os donos de pênis menos jovens têm um desejo inato de fazer como esses garotos, mas não o fazem em respeito às convenções, acabam por se abster da manipulação tátil às claras, que era também um fato constante em seus primeiros anos de vida (os jogadores de futebol americano são exceção a essa regra). Quando embriagados, todavia, alguns donos de pênis têm uma irresistível compulsão. A lista é grande e crescente. Em 1581, John Harris, de Layer Breton, Essex, foi levado a julgamento por ter "se comportado de forma desordeira, tirando para fora suas partes íntimas"; em 1590, Henry Abbott de Earls Colne, também em Essex, foi igualmente levado diante dos magistrados por tirar suas calças "declarando, em sua bebedeira, que suas partes íntimas ou pau tinham 10 cm a mais do que o de qualquer empregado por aí". No século 17, Pepys recordou o julgamento de Sir Charles Dydley, por deboche, após ter aparecido bêbado e nu no terraço de um bordel, à luz do dia.

Representando todas as posturas do desejo sexual e do coito anal que pudessem ser imaginadas, dizia que precisava vender um certo pó, que faria todas as xoxotas da cidade correrem atrás dele... Isto feito, pegou uma taça de vinho, onde lavou seu pau, depois bebeu o líquido: ainda pegou outra taça e bebeu à saúde do Rei.

No século passado, o ator Oliver Reed, em embriaguez constante, exibiu sua vara do desejo (a qual, em momentos de sobriedade ele admitiu não ter nada de excepcional) em bares, aviões, festas, na televisão e em sets de filmagem, e uma vez fez a exibição para uma repórter que o estava entrevistando. Em resposta à observação de desprezo dela: "Então é só isso?", ele disse, "Madame, se eu o tivesse puxado por inteiro, seu chapéu teria voado". Em outra ocasião, quando ele se expôs em um bar caribenho, o pessoal local considerou a tatuagem com garras de águia que tinha no pênis uma demonstração de feitiçaria, e ele foi forçado a cair fora.

Homens com pênis de tamanho considerável não precisam perder a inibição pelo álcool para tornar o fato conhecido, ou para mostrar essa evidência ao arriar as calças. James Boswell, que se tornaria biógrafo de Samuel Johnson, em Londres pela primeira vez, em 1762, vindo de Edimburgo, e "necessitando, de verdade, de uma mulher", pegou uma garota em Strand[1], e a levou para um pátio escuro, com a intenção de se aproveitar dela, mas "guarnecido" (tinha medo de varíola). Mas nem ele nem ela tinham preservativos, e assim só brincaram um com o outro, e

---

[1] N. do T.: Rua logo em frente à estação de trem de Charing Cross, em Londres.

em seu diário, Boswell registrou: "Ela ficou maravilhada com o tamanho, e disse que se um dia eu pegasse uma virgem, a faria guinchar". O príncipe Grigori Alexsandrovich Potemkin, o notável estadista russo do século XVIII e amante da imperatriz Catarina, costumava passear pelo Palácio de Inverno nu sob sua túnica turca desabotoada, a demonstrar que sua reputação não era exagerada, enquanto o priápico homem sagrado da Rússia, Gregorio Rasputin, acusado certa vez, em um restaurante lotado, em Moscou, de não ser tudo aquilo que propalava, disse "vou provar quem eu sou", e assim o fez – outro cuja reputação o precedia.[G]

Eric Gill, o artista/escultor do século XX que assim como Boswell também escrevia um diário, registrou o comentário de uma prostituta sobre o seu tamanho – no caso, porque "era muito grande e machucou-a". Gill tinha o hábito de usar sem roupa de baixo uma bata curta, comum em trabalhos de maçonaria, e costumava, quando andava por sua comuna como guia dos visitantes, urinar no chão, o que lhe dava a oportunidade de exibir "sua torneira, que podia se transformar em um pilar de fogo". Há uma anotação em seu diário, de 1925, a respeito de sua secretária Elizabeth Bill. "Falei com Eliz. B. sobre tamanho e forma do pênis. Ela mediu o meu com uma trena – para baixo e também para cima". Gill ficou tão orgulhoso de ser bem dotado que passou a desenhar sempre seu pênis, assim como o tirava para fora. Até fez um entalhe dele, e usou suas proporções para criar gravuras de Jesus em madeira, dizendo que ele, como homem, precisava ter genitais adequados". Genitais adequados foi o que Gill deu à figura de pedra de Ariel, espírito shakespeariano, quando fez um entalhe dele (acompanhando o mago Próspero) no portal dos escritórios da emissora de TV BBC. Os diretores da BBC, reunidos para a revelação da obra, ficaram perplexos quando Gill removeu o encerado atrás do qual trabalhava – e em seguida mandaram o escultor recolocar a escada para cortar algumas coisas.

De acordo com a autobiografia de Esther Williams, sereia de Hollywood, Johnny "Tarzan" Weissmuler, que foi seu amante por um tempo, ficava encantado como uma criança por ser bem dotado, mas perdeu a oportunidade de exibir sua genitália dentro e fora do set, como fazia o espalhafatoso Errol Flynn, cujo pênis era um peso pesado de tal monta que seu truque nas festas era tocar piano com ele. Outro exibicionista extraordinário, de acordo com seu biógrafo James H. Jones, foi Alfred Kinsey que

> *raramente perdia uma oportunidade de exibir os genitais e demonstrar suas técnicas masturbatórias para membros da equipe. Uma pessoa de dentro... contou a um entrevistador que Kinsey "tinha uma genitália muito grande, e isso significa ambos, pênis e bolas". O homem completou: "Muitas pessoas de sua equipe costumavam dizer que talvez fosse por isso que ele ficava o tempo todo brandindo a maldita coisa para fora das calças, mostrando a uretra ou a coroa".*

Pelo menos Kinsey tinha uma desculpa semicientífica, mas o presidente americano Lyndon Johnson não tinha desculpa alguma, a não ser o orgulho de seu tamanho. Ele adorava conduzir assuntos oficiais no chuveiro (sua equipe da Casa Branca se espremia no banheiro) e muitas vezes emergia apontando o considerável apêndice presidencial dizendo: "Quem será que vamos foder esta noite?... Preciso exercitar um pouco o velho Jumbo" (*The Years of Lyndon Johnson*, Roberto A. Caro). Certa vez, frustrado com uma conferência de imprensa em que estava sendo pressionado a responder por que os Estados Unidos ainda estavam lutando no Vietnã, Johnson puxou seu *pecker*[2], uma de suas palavras favoritas, dizendo: "Eis porquê"; talvez ele achasse que tinha falado de forma mais coerente, o que não aconteceu. (Se os homens pensam em parte com o pênis, não é preciso dizer que os pênis conversam com eles, como a personagem dos quadrinhos de Gray Jollife, chamado Wicked Willie – cujas

---

[2] N. do T.: Gíria vulgar para pênis.

aventuras venderam mais de 5 milhões de livros – mostra de forma tão clara; essa impossibilidade biológica não se revela aqui nem lá).

O já mencionado ator escocês Ewan McGregor foi só um pouco menos desarticulado do que o pênis presidencial quando entrevistado após atuar como um roqueiro no filme *Velvet Goldmine*. Para ganhar o papel pediram a ele que mostrasse o traseiro para a audiência; durante a filmagem ele foi além, mostrando também a parte dianteira. Perguntado da sua necessidade urgente de se exibir, McGregor disse:

> *Eu não saio por aí pensando: 'Hei, tenho um pau grande, vem cá, mostre o seu para compararmos os tamanhos'. Mas ao mesmo tempo, quando me perguntam se eu mostraria meu pinto, caso fosse pequeno, sempre penso: Bem, por que cargas d'água eu deveria saber responder?*

Pouco depois, ele apareceu na capa da *Vanity Fair*, de kilt, segurando um galo[3], a quintessência escocesa.[H]

SIMPLES ACESSÓRIO – OU PEÇA MUITO IMPORTANTE?

Em certas regiões da América do Sul, da África e em todo o mundo oceânico, os homens que, se não fosse por isso estariam nus, usam um tipo de porta-pênis (falocarpo, em linguagem antropológica). Em algumas sociedades eles consistem apenas de um pano sobre a cabeça do pênis, mas em outras não apenas cobrem o comprimento como podem se estender por mais de 5 cm mantidos eretos por uma tira em torno da cintura ou até do peito. Em geral essas coberturas para o pênis são feitas de bambu

---

[3] N. do T.: Trocadilho com a palavra *cock*, que em inglês significa tanto galo quanto pênis.

ou de cascas de frutas especialmente cultivadas (embora em anos recentes, tubos usados de creme dental ou latas de Coca-Cola tenham ampliado as opções) e são, com frequência, vermelho vivo ou amarelo. Algumas sociedades usam essas peças diariamente, enquanto há algumas especiais para festivais, para a guerra – e para visitantes. A maioria dos homens possui uma variedade delas, em diversos tamanhos e com múltiplas decorações (presas de javali, dentes de animais, mandíbulas, plumas), e outros tantos ângulos de ereção, utilizando-os de acordo com a sua disposição. Essas coberturas refletem o status de um homem, afastam os inimigos, ampliam os poderes mágicos de um pênis e, com sorte, atraem as mulheres.[1]

Eram razões poderosas para que, em 1970, houvesse uma feroz oposição, bem sucedida ao final, quando o governo da Indonésia tentou banir o uso desses acessórios das terras altas de Papua Nova Guiné, no interesse do recato público. Havia outra razão pela qual os homens da tribo Dani ficaram profundamente irritados: acreditavam que seus porta pênis *eram* discretos – o que fez com que Marie, mulher do antropólogo Jared Diamond, descrevesse, em seu primeiro encontro, em 1990, como "a mais indiscreta exibição de discrição que jamais vi!".

O psicólogo John Carl Flugel na University College London via todas as roupas dos homens como uma disputa tipo cabo-de-guerra entre "a irreconciliável emoção da discrição e o desejo por atenção". Abre-se o debate para ver se essa frase é aplicável a um *codpiece*, termo que já foi, mundo afora, o equivalente ao porta pênis. De qualquer forma, por mais de 100 anos, enquanto a Idade Média se fundia com a Renascença, esse porta-pênis antigo era o foco exuberante da vestimenta masculina e a discrição nunca fez parte dele.

De fato, era uma peça mais discreta do que aquilo que havia antes dela – e que não consistia em uma moda em si, pelo menos no início, mas a consequência de outra.

Meados do século XIV foi uma época em que a vestimenta mudou de forma radical, e o recém-popularizado botão permitiu aos dois sexos que a roupa caísse mais justa junto ao corpo. A linha de cintura dos coletes masculinos chegou à altura dos quadris, para fazer o corpo ficar mais longo, e a barra chegou às coxas, para fazer as pernas parecerem mais compridas. E aí é que morava o problema: as meias calças de lã dos homens consistiam em duas pernas separadas, como um par de meias longas, presas a um cinto na altura certa, ou, em modas mais recentes, presas a tiras passando por orifícios na costura da calça, com um espaço entre as pernas para acomodar as partes privadas. Enquanto as calças chegavam aos joelhos, os *braies* dos homens (equivalentes medievais das roupas de baixo) eram volumosos; depois, foram muito reduzidos para não prejudicar o caimento justo da calça mais curta. E quando um homem se sentava ou montava um cavalo, suas roupas de baixo saltavam pela abertura, com a brecha necessária para, de tempos em tempos, permitir um rápido olhar – ou mais – no que havia dentro.

Muitos homens sem dúvida tomavam conta dessa fenda e mantinham seu decoro, e o bom senso mandava costurar essa abertura. Mas, quando isso acontecia, como indicam as pinturas do período, os jovens dispensavam toda a sua roupa de baixo, e a calça justa então delineava seus genitais salientes, sem cerimônia. Chaucer conta isso em *The Parson's Tale:*

> *Ai de mim! Alguns deles exibem a própria cabeça do pênis e os horríveis testículos puxados para fora, que parecem hérnias na embalagem de sua meia-calça, e as bundas dessas pessoas parecem a traseira de uma macaca, à luz da lua. Mais, os odiáveis membros que exibem com orgulho e a fantástica moda de criar uma perna da meia calça branca e outra vermelha faz parecer que metade de suas partes íntimas está sem pele. Caso a dividam em branco e preto, ou branco e azul, e assim por diante, pela variação das cores, parece que metade de suas partes íntimas foi corrompida pelo fogo de Santo Antônio, pelo câncer ou por outros infortúnios.*

Como a lã esticada tem um certo grau de transparência, que aumenta de forma considerável quando fica gasta e a trama afrouxa, alguns pênis ficavam parecendo ladrões de banco, com meias cobrindo o rosto. Seja como for, os jovens ficavam tão felizes consigo mesmos que saíam em mangas de camisa, descartando a jaqueta e levando sua pochete de dinheiro na frente, em vez de ao lado, com sua "adaga" balançando sugestivamente atrás dela – um pseudopênis que direcionava quem está vendo para o verdadeiro artigo.

Os homens já têm pseudopênis em seus pés, claro. Você pode pensar que a falsa correlação entre o tamanho dos pés e do pênis seja uma coisa moderna, mas não é: é uma crença popular tão antiga quanto, no mínimo, os tempos medievais. E quando os sapatos chamados polainas (originários da Polônia), com pontas que chegavam a 15 cm, tornaram-se uma febre por toda a Europa, apresentaram uma oportunidade a que os homens não podiam resistir: embrulhavam seus artelhos com musgo ou lã, aumentando o tamanho do calçado até atingir 75 cm, mantendo a ponta erguida com fitas de seda ou correntes de prata fixadas a seus joelhos, e ficavam parados nas esquinas, acenando com eles para as mulheres que passavam. Os mais afoitos pintavam suas polainas com tons de carne, caso alguém não entendesse a conexão.

A Igreja trovejou sobre esse pecado e proclamou que a Peste Negra e as subsequentes ondas de peste bubônica (que dizimou dois terços da população europeia) era a retribuição dos céus pela obscenidade dos sapatos e roupas masculinos. Em 1482, os Comuns fizeram uma petição a Eduardo VI, que legislou:

> *Nenhum cavaleiro, originário da propriedade de um lorde... ou outra pessoa poderá usar ou vestir... uma túnica, jaqueta ou casaco, que não seja de um comprimento em que a pessoa, estando em pé, tenha cobertas suas partes íntimas e nádegas.*

No mundo feudal, os lordes podiam fazer mais ou menos o que quisessem com relação às polainas – Eduardo limitou os "bicos" (pontas) de seus calçados a não mais do que 60 cm, enquanto os de mais baixa estatura ficavam restritos a 30 cm, e as massas a 12,5 cm, e quem excedesse esses limites estaria "sob pena de admoestação da Igreja e do Parlamento, e a pagar vinte *shillings* por par". Essa dura lei que limitava a suntuosidade (sob a qual as penas ultrapassariam a capacidade de pagar da maioria) pretendia acabar com essa moda na origem, e conseguiu, embora fosse impossível de aplicar. Prevaleceu também o bom senso – as polainas podem ter sido até uma bênção para aqueles que faziam poses com foco nos genitais, mas acabaram antes do fim do século.

Eduardo não previu em seu decreto nenhuma penalidade para as meias calças masculinas, mas era quase impossível caminhar com a costura que ficava entre as pernas. Os homens não conseguiam se desembaraçar quando precisavam tirar a calça – primeiro desatá-la do cinto, sob a jaqueta, ou desamarrar as tiras em volta dela – cada vez que precisavam urinar. De novo, o bom senso ditou a moda seguinte: os alfaiates inseriram um simples triângulo de material entre as pernas, costurado à meia calça, no ângulo de baixo, com tiras presas aos outros dois ângulos, ou com tiras que passavam pelos três ângulos. E assim foi criado a braguilha[4] (*codpiece*, sendo *codd* o termo para saco ou bolsa no inglês da época entre a Alta e a Baixa Idade Média).

Nessa altura a braguilha quase não chamava atenção, mas isso não durou por muito tempo: os homens começaram a utilizar tiras de tecido para aumentar o volume do pênis. Para alguns, a coisa pode ter começado como brincadeira; mas para quem se importava com o tamanho, tornou-se competitiva. O volume de tecido transformou-se num porta-pênis em forma de bulbo, que então ficou mais consistente e cada vez

---

[4] N. da E.: A dificuldade para cortar uma calça de modo a proporcionar conforto ao homem fez com que os alfaiates da época criassem esse apêndice externo, que servia para encaixar o pênis e os testículos e recebia o nome de braguilha. Depois, esse termo em português passou a ser usado para denominar a abertura frontal da calça masculina, onde hoje é colocado o zíper.

mais encorpado, além de mais ornado com pedras preciosas, cordões de pérolas e até pequenos sinos. Leonardo da Vinci mostrou-se encantado de que o pênis estivesse recebendo o reconhecimento que ele achava devido ao escrever: "O homem está errado de ter vergonha de mencioná-lo e exibi-lo, sempre a cobrir e esconder o pênis. Ao contrário, ele deveria ser decorado e disposto com a gravidade que merece, como se fosse um enviado". Foi em meados do século XVI, cerca de 30 anos após sua morte, que esse acessório alcançou as alturas, escandalosamente moldado para fora, como uma enorme e permanente ereção – um alento, escreveu Rabelais, para "os muitos cavalheiros jovens" cujas braguilhas fraudulentas... nada contêm, só vento, para grande desapontamento do sexo feminino". Depois disso, a trajetória do porta-pênis foi descendente. Durante a era elizabetana, a moda masculina mudou radicalmente, sendo que as calças ficaram muito folgadas e do lado de fora, em tamanho pequeno, a braguilha ainda apareceu antes de dar seu adeus final.

Foi somente no final do século XVIII e começo do XIX – o período que abrange a Revolução Francesa e a Regência Inglesa – que o pênis de novo se afirmou como moda pela Europa e Américas. Calças de montaria que haviam substituído a meia-calça introduziram o *"fall front"* – uma espécie de avental que caía da cintura – para os acessos essenciais. Menos materiais eram necessários, cobrindo diretamente a virilha e as próprias calças, em geral feitas de couro leve, acinzentado, tornaram-se tão apertadas que, pela primeira vez na história, os alfaiates começaram a perguntar a seus clientes de que lado da vestimenta eles costumavam alojar seus volumes, a fim de deixar um espaço de um lado ou de outro.

Havia pouco tempo, o balé começara a não usar mais vestes soltas para homens e mulheres, para que a audiência pudesse melhor apreciar sua arte e forma física. As plateias, no início, se chocaram com as saliências masculinas em relevo naquelas malhas finas, mas acabaram aceitando a neutralidade sexual no contexto teatral (mas não um diretor da BBC, que, em 1930, quando o balé foi televisionado pela primeira vez, sugeriu ao diretor-geral que os bailarinos usassem dois pares de malha).

Os elegantes da época da Regência, inspirados por esse visual e sempre com o sexo no pensamento, adotaram meias cor de carne em sua roupa cotidiana. Um visitante alemão em Londres citado por Ivan Bloch em sua obra *Sexual Life in England* observou: "À distância pensei mesmo que alguns internos de Bedlam[5] haviam escapado de seus responsáveis e tivessem vestido apenas sapatos e casacos, deixando exposto o restante de seus corpos". No mesmo período, a roupa de matador usada pelos toureiros espanhóis também ficava no mesmo nível do tradicional "traje de luzes", calças até os joelhos e meias de balé esculpindo o corpo para enfatizar a graciosa virilidade de quem a usava – e quando entrava o touro, era mais um lugar que o matador precisava proteger para não se ferir.

Com a chegada das calças como as conhecemos, em meados de 1800, destacar os genitais ficou menos atraente, mas a ideia permaneceu popular entre jovens. Não sem a ambivalência característica de sua idade, que conseguia ser ao mesmo tempo libidinosa e sexualmente reprimida, os homens vitorianos escolheram vestir calças não necessariamente para delinear as suas partes; foi quando passaram a costurá-las a um anel de metal "de vestir", denominado indevidamente de "Prince Albert" (ver Nota I da pág. 111), possibilitando que eles ancorassem seus pênis com uma fita ou corrente fina na costura interna, reduzindo assim o impacto visual. Os vitorianos transmitiram o gosto por uma exuberante moda genital (embora não pelos anéis penianos) para os elegantes da era eduardiana, depois da qual ela desapareceu até os anos 1950, quando jovens da classe trabalhadora passaram a caricaturar os estilos eduardianos com suas calças tão apertadas, a ponto de obrigá-los a andar com seus pênis para cima. "Bem posicionados em sua postura vertical, pelo confortável objeto que os sustenta", conforme o antropólogo Desmond Morris escreveu em *Intimate Behavior*, "apresenta um delicado, mas bem visível bulbo genital para os olhos femininos interessados. Dessa forma, o traje dos jovens permite de novo exibir uma pseudo-ereção, ...".

---

[5] N. do T.: Manicômio inglês.

As calças vestidas (principalmente) por jovens durante os anos 1970 eram de novo cortadas pouco acima da virilha, deixando pouca dúvida quanto à escolha do lado direito ou esquerdo, antes que a modelagem voltada ao conforto e discrição se tornasse a norma, como se mantém até hoje na maior parte das calças, exceto para os adeptos do visual *cowboy*, em especial os sul-americanos, de todas as inclinações sexuais, e a comunidade *gay* em geral. Todavia, sendo a anatomia masculina como é, qualquer homem que use calças de tecido fino desatento ao fato de que a folga do tecido pode ficar presa no meio do traseiro ao sentar, esticando assim o tecido sobre o pênis, acaba por demonstrar um *braggadocio*[6] que ele não tencionava – assim como fez o radialista Terry Wogan quando apareceu na televisão com as calças de algodão que usava em suas caminhadas. Naquela circunstância, foi uma dupla falta de sorte o fato de ele apresentar o programa *Points of View*, um título que os jornais usaram em uma série de trocadilhos, aludindo ao que chamaram de "guarda--roupa com defeito" de Wogan.

Independentemente da maneira e até do grau em que a genitália masculina vestida tem sido exibida, a intenção geral sempre foi a de não abusar. Mas, uma assustadora exceção surgiu nos anos 1980, quando os atletas começaram a usar Spandex, mais conhecida como Lycra. O material bem fino, colado à figura humana, é aerodinâmico, desenvolvido para ajudar os atletas a melhorar seu desempenho. Mas as propriedades restritivas eram desprezíveis: os pênis flutuavam e balançavam de um lado para o outro, em alegre abandono nos eventos da pista de atletismo, como aconteceria se eles estivessem nus. E o membro considerável do velocista britânico e ganhador do ouro olímpico Linford Christie, visto em inúmeros replays em câmera-lenta, ficaram conhecidos pela nação como "as lancheiras". Diversos fabricantes de marmitas realmente falaram com Christie para que ele desse crédito a seus produtos, mas ele não achou graça. No fim dos anos 1990, quando já não corria mais, Christie foi acusado de ter to-

---

[6] N. do T.: Significa exibicionismo.

mado drogas estimulantes, o que fez com que ele fosse indiciado. Durante a audiência na Alta Corte a "lancheira" foi mencionada (irrelevante para o caso) e, possivelmente imaginando que teria algo a ver com sanduíches de pepino, e sem saber o que toda a nação sabia, um defensor público da Justiça pediu esclarecimentos. Christie explicou, acrescentando que já estava de saco cheio de as pessoas ficarem perguntando que tamanho tinha o seu pênis, então respondeu "desse tamanho", abrindo os braços em toda a sua extensão. O sábio juiz poderia ter se perguntado se o gesto era apenas uma resposta sarcástica, mas absteve-se de fazê-lo.

Deixando de lado o caso excepcional de Christie, o homem parece ter um desejo de chamar atenção para seus genitais sob a roupa, insinuando, com frequência, que menos é mais.

Pode não ser uma ideia fixa, mas é inerente. Malhas cor da pele não eram suficientes para alguns almofadinhas do século XVIII: eles adicionavam enchimentos (também usavam nas panturrilhas); os cantores pop do século XX da mesma forma faziam bolas em torno dos testículos, enfiando uma porção de lenços ou colocando um par de meias enrolado, para o mesmo fim, sendo que o duo Wham!, de forma engenhosa, usava naquele lugar uma espécie de peteca, com suas respectivas penas. Alguns modelos masculinos de passarela contemporâneos admitiram usar estratagemas semelhantes, que sem dúvida são empregados por incalculável número de homens em suas vidas diárias; muitos *sex shops* vendem um pacote feito sob medida com a finalidade de aumentar o volume. Em 2010, a Marks & Spencer, esse bastião do conservadorismo da moda da classe média, começou a estocar roupas íntimas com "incremento frontal", uma "plataforma integral" anunciada como capaz de produzir 38% de aumento nessa silhueta.

De tempos em tempos, historiadores de moda sugeriram que a braguilha, com sua fraude relativamente honesta, deveria voltar. A ideia passou pela cabeça de muitos antropólogos, incluindo Desmond Morris, e nunca sai da cabeça dos produtores de filmes, que raramente imaginam um mundo futuro sem ele.

De fato, a braguilha retornou de forma secundária nos últimos 60 anos – componente fundamental da subcultura do couro pelo mundo afora, que emergiu depois da Segunda Guerra Mundial, e foi transmitida ao *heavy metal* e ao *glam rock*, e indo reconhecidamente além da paródia, incorporou luzes brilhantes ou emitiu centelhas e até chamas. Mas a braguilha pode recuar no tempo 200 anos – dependendo de como você encare o *sporran*, aquela bolsa que faz parte da indumentária típica escocesa.

Até o século XVIII (de novo este século), o *sporran*, primo-irmão do cinto-bolsa medieval, considerando que o *kilt* das *Highlands*, o saiote masculino da Escócia, não tem bolsos, constituía um item essencial do conjunto, usado na cintura e do lado. Agora, acompanhando com atraso o estilo da Idade Média, foi colocada na frente, embaixo, balançando. Nesse estágio manteve suas características tradicionais: simples, pequeno e feito de couro; mas logo acompanhou o padrão medieval de ostentação. No século seguinte surgiu em diversos tamanhos, cores e materiais, completo, pendurada em tiras e com outras decorações. Alguns eram de pelos de animais – ou até de pequenos animais inteiros. Ao contrário da braguilha convencional, é claro, o *sporran* continuou desligado da roupa sobre a qual estava: uma braguilha semipresa, ou como prefere Desmond Morris, "uma área púbica substabelecida".

De um jeito ou de outro, o significado genital do *sporran* ganhou ímpeto adicional quando o kilt foi adotado como uniforme do exército escocês – ao se tornar obrigatório não usar nada por baixo. Em 1815, após a vitória em Waterloo nas Guerras Napoleônicas, e com a subsequente ocupação de Paris, o imperador da Rússia requisitou que homens de cada um dos regimentos das *Highlands* desfilassem para ele no Palácio do Eliseu. Enquanto estavam em formação de atenção, o imperador tocou com os dedos seus kilts e *sporrans* enquanto passava por eles, mas ficou mais curioso quando chegou à figura gigante de Cameron Sergeant Thomas Campbell, e "teve a curiosidade de levantar meu kilt até o umbigo", Campbell escreveu mais tarde, "a fim de que não ficasse decepcionado". Assim, para a mente escocesa, masculinidade se igualava a pertencer ao "regimento" (como eram então chamados os "comandos", na linguagem atual) que durante a Primeira Guerra Mundial, quando oficiais ou NCOs[7] inspecionavam seus homens, usavam um espelho preso à ponta de um cabo de golfe ou cajado para checar se as ordens estavam sendo cumpridas. Até os anos 1960, as inspeções com espelhos ainda eram comuns. Hoje, quem usa kilt na população civil, assim como os militares, só consideram escoceses verdadeiros aqueles que deixam a coisa solta, livre.

O eclético novelista Anthony Burgess concordou especialmente – embora, na verdade, quando lecionava na Malásia, ele vestisse um *sarong*.

> *Eu levo um pênis e um par de testículos. Isso não é particularmente bonito, a menos que sejam estilizados na Santíssima Trindade ou em um lingam hindu. Eles são inconvenientes, e a roupa do homem não foi pensada para acomodá-los. Prometo a mim mesmo que vou declarar ancestralidade escocesa para vestir um kilt*
> (The Real Life of Anthony Burgess, Andrew Biswell).

O artista/escultor Eric Gill foi ainda mais veemente contra as calças. Em um pequeno livro (*Trousers and the Most Precious Ornament*) publicado pouco antes da Segunda Guerra Mundial, ele desprezou essa peça de roupa, na qual o pênis estava "preso de todo lado, desonrado, esquecido, patético e ridicularizado – não mais o membro viril". Lembre-se de que Gill não era um homem de usar porta-pênis: ele queria o retorno às peças folgadas da Idade Média, que ele mesmo usou, sem ter o seu precioso ornamento espremido na roupa de baixo. Mas Eldridge Cleaver foi solidário com Gill no tema das calças, que "castravam" os

---

[7] N. do T: Sigla em inglês de *noncommissioned officer*, ou oficial não comissionado.

homens ("o pênis", disse ele, com certo charme poético um tanto duvidoso, "está murchando no vinhedo"), era um adepto da braguilha e foi responsável por uma das duas tentativas mais ou menos sérias nas últimas décadas de tornar esse tema novamente comentado.

O afro-americano Cleaver, líder do grupo Panteras Negras em defesa dos direitos civis, era preso com frequência, sendo viciado em drogas, cristão convertido, candidato a presidente, apresentador de programa de rádio e protetor do meio-ambiente. Nos anos 1970, tornou-se ainda um defensor passional da braguilha. Ele produziu um protótipo inserido em um par de calças ("Cleavers"), que segundo ele "colocariam o sexo de volta aonde deveria estar". O que ele previa foi muito além de um porta-pênis reconhecível – de fato, o acessório de Cleaver exagerou, sendo um conjunto externo de genitália ("anatomicamente correto", ele enfatizou desnecessariamente) que poderia colocar quem usasse em risco de ser preso por atentado ao pudor.

A campanha de Cleaver não foi adiante. Assim como a de Jennifer Strait, 20 anos depois – e ela não apenas tinha base acadêmica como também a Internet para reunir donos de pênis em torno de sua bandeira.

Professora de vestuário, merchandising e têxteis na Washington State University, Strait lançou sua tentativa de reabilitar a braguilha – a convencional – porque, concordando com Cleaver nesse quesito, ela achava que as roupas masculinas refletiam uma "absoluta ausência de sexo". E ela desejava a igualdade entre os sexos: "Se as mulheres exageram no volume dos seios com o sutiã, por que os homens não poderiam melhorar a silhueta de seu corpo?" Sua campanha começou cautelosa, com uma camiseta que trazia a mensagem "Queremos a braguilha de volta", sendo sua intenção a de introduzir mensagens pró-braguilha em calções de boxe, aventais e adesivos de para-choques e somente começar a sua produção quando houvesse algum sinal sensível de resultado. Suas expectativas foram deflacionadas. As revistas de moda masculinas pularam fora de suas ideias e a compra de suas camisetas foi discreta. Os possuidores de pênis não estavam no mercado para acompanhar uma involução:

eles puderam prever o ridículo. Após dois anos Strait desistiu, deixando seu site (modificado pela última vez em 1995) como um testamento esvaziado da causa perdida.

As duas pessoas que advogavam pela braguilha tentaram pegar carona na crescente franqueza das discussões sobre sexo que caracterizaram as décadas a caminho do novo milênio. Mas o *zeitgeist* ia além do jogo de "esconde-esconde" que a braguilha dera ao pênis – de fato, o tempo jogou luz sobre o pênis. Os pênis de homens que são *strippers* balançam nas festas, bares, clubes e salões onde se reúnem mulheres aos gritos de "tira, tira, tira!". No palco e na tela (grandes, pequenas e finalmente no computador) pênis de verdade, em carne e osso, pululam feito salmões. É anacrônico imaginar que, 40 anos atrás, o musical da contracultura hippie *Hair*, a primeira produção teatral a exibir o nu frontal masculino, criasse um pandemônio de protestos – enquanto no relançamento, em 2008, os diretores dos teatros estivessem mais preocupados em avisar os patrocinadores do risco que corriam com pessoas queimando fumo no palco do que com a visão daquelas partes íntimas tremelicando. Tantos pênis estiveram entre as personagens de tantas peças teatrais que os empresários não mais se importavam em chamar a atenção para o fato; até o uso de luz estroboscópica era mais divulgado. Quando Nicole Kidman apareceu em um palco londrino em *The Blue Room*, espetáculo celebrado como "puro teatro Viagra", ninguém pareceu interessado no fato de que o astro masculino do espetáculo não só aparecesse nu como também fizesse uma estrela de ginástica olímpica pela primeira vez no teatro. Os pênis hoje são tão lugar-comum nos palcos – simulando masturbação, felação, penetração, como se fossem um grupo de celebridades representando a si mesmos, fazendo um pouco mais do que apenas se mostrar para ganhar o aplauso – que só uma peripécia muito grande poderia gerar um registro na imprensa; o pênis que chegou ao ponto de ebulição com uma chaleira apitando na peça *Buff* ganhou muitos centímetros nas colunas da imprensa – embora menos do que *Puppetry of the Penis*, que faz rir com uma mostra de origamis genitais. Vão longe os tempos em que os nus masculinos na televisão eram restritos às bundas; nos cinemas de primeira linha até mesmo o pênis ereto, sem ser necessariamente uma simulação, pode ser visto. Desde que Richard Gere mostrou tudo em *American Gigolo,* nos anos 1980, chega a ser até recomendável que um ator de cinema exiba seus genitais (Kevin Costner ficou tão bravo quando o estúdio cortou alguns fotogramas de um filme em que ele aparecia pelado, ao sair do chuveiro, que ameaçou abrir uma ação judicial). Nos sites pornográficos da Internet, dezenas de milhares de pênis duros e moles, em atividade ou não – constituem quase um oxímoro. Os pênis também se tornaram intrínsecos à era da iconografia, na caixa de ferramentas da arte pop e da publicidade. Os irmãos Chapman substituem pênis por narizes, uma artista feminina mostra sua coleção de 88 formas de pênis com 88 diferentes ereções, em gesso, dando a impressão de que os grupos pop dos anos 1960 não estavam se empenhando para valer; na última palavra em arte peniana, o ex-primeiro-ministro australiano John Howard é retratado por um artista que usa seu pênis como pincel (Renoir disse "pinto com meu pau", de forma figurativa e visceral).

A publicidade se volta para as ereções ao disfarçar, (sempre de maneira engraçada, com uma almofada, toalha e às vezes com o próprio produto anunciado), mas é viciada em jogo de palavras: "uma polegada e meia na lancheira" (um pacote maior de biscoitos); "40 cm sem rugas" (uma camisa); "você consegue mantê-lo ereto por uma semana?"(campanha vegetariana nacional). Nesse assunto, o tamanho importa (ou não) tanto na publicidade quanto para os donos de pênis.

O portador de pênis médio não está propenso a teorizar se o status de seu pênis fica diminuído diante de exibições francas ou alusões constantes. Ele não sente isso como um rebaixamento pessoal. Na verdade, em seus anos de glória, esse dono de pênis está seguro, de forma subconsciente, de que seu membro viril não só não é vergonhoso como não é ridículo dentro de suas calças; e então toca a vida com ele, exibindo-o de alguma maneira virtual que não pode ser definida por simples palavras. O comportamento de alguns donos de pênis não deixa dúvidas quanto a essa "pintoconfiança", que envolve suas coxas, em uma aparente necessidade de circunavegar o que se encontra entre elas – algo que parece uma ordem de evitar que haja uma simples locomoção para a frente: uma braguilha usada interiormente, talvez, assim como uma polaina. Tais donos de pênis tendem a se sentar no transporte público com as pernas bem abertas, como se não conseguissem fechá-las com os joelhos encostados. Tão prevalente é esse hábito entre japoneses – uma ironia, tendo em vista o pequeno padrão de suas medidas, de acordo com as tabelas comparativas internacionais – que no metrô de Tóquio os vagões têm avisos nas janelas que dizem "não faça isso...". Em sua contribuição para o livro *Dick for a Day*, que perguntou às mulheres como elas se comportariam se tivessem pau por um dia, Marianne Denver respondeu: "Eu o colaria na testa e desfilaria por aí do jeito que seus proprietários regulares fazem". Ela se exprimia de forma metafórica, mas no que diz respeito ao comportamento de certos homens, foi definitivamente justa.

NOTAS DO AUTOR

[A] Durante a Primeira Guerra Mundial, o primeiro-ministro italiano Vittorio Emanuele Orlando usava um *fascinum* (falo alado)* em um bracelete para assegurar a vitória para os Aliados – uma crença residual no poder do pênis, talvez, ou apenas uma maneira de se cobrir de todos os lados. Hoje, em certas culturas, os homens têm amuletos fálicos similares. Na Tailândia, um deles, ou mais de um, são pendurados perto do pênis por uma intrincada corda de lã em volta da cintura, sob as roupas, para absorver qualquer energia negativa direcionada por outros a seus genitais, e para aumentar sua atratividade sexual (e talvez trazer sorte no jogo também). O nome em tailandês é *palad khik* – honorável pênis substituto.

[B] Um babuíno macho diz alô para outro puxando seu pênis, e a cortesia é recíproca; os primatas ancestrais do homem talvez também fizessem o mesmo. Os Walbri da Austrália Central ainda seguram o pênis de um visitante, o que equivale a apertar as mãos. Uma herança da prática de jurar sobre os genitais ainda existe nas áreas rurais dos países mediterrâneos, com os homens pegando uns nos outros, ou se tocando, quando enfatizam a veracidade do que está sendo dito ou para afastar má-sorte.

[C] A função biológica primária do pênis é passar o sêmen para a vagina, para chegar à fertilização – uma função, todavia, que ocorre em proporção insignificante em relação a seu uso por puro prazer, e menor ainda em relação a expelir urina pelo pênis, "dos rins, para a porcelana do mundo exterior", como John Gordon expressa em seu *The Alarming*

History of Sex. Esse sêmen viaja pelo mesmo duto do pênis (embora não, claro, ao mesmo tempo). Gordon considerava um exemplo da "economia recorrente da natureza"; uma visão oposta pode levar à conclusão, quando se fala em genitália, de que Deus não seja um engenheiro sanitarista.

As mulheres ficam exasperadas com a atitude masculina de urinar em pé (como uma personagem do romance de Laurie Graham, *The Ten O'Clock Horses*, diz: "um homem, só porque tem um pé-de-cabra não pode querer enfiá-lo pelo túnel do *Mersey*"), mas a psicanalista alemã Karen Horney há 50 anos acreditava que o pênis indicava "fantasias de onipotência, em especial para aqueles que têm um caráter sádico".

As suecas modernas parecem concordar. No ano 2000, elas exigiam que os homens sentassem para usar o toalete, em parte por razões de higiene mas fundamentalmente pelo fato de que ficar em pé significava "triunfar em (sua) masculinidade e portanto, rebaixar as mulheres".

Feministas da Universidade de Estocolmo fizeram campanha para eliminar os mictórios dos campi, e as escolas primárias começaram a se livrar do objeto preso à parede para acostumar os jovens com a nova ordem.

A campanha chegou à Alemanha onde, como uma pesquisa indica, 40% dos homens agora se sentam, percentagem igual à do Japão.

D Uma variação do século XVII foi a de que a concepção era resultado da energia magnética produzida pela fricção do ato sexual, ficando o sistema reprodutivo da mulher "magnetizado" pela "centelha" masculina. Em meados do século seguinte a palavra *spunk*, cujo significado principal é coragem, tornou-se coloquial para o encontro de um par com segurança – o que requer fricção para surgir a centelha, levando, com a eliminação de dois estágios, à gíria para sêmen. *Mettle*, também gíria para sêmen, deriva de seu significado ser o mesmo que *spunk*.

E *Yin-yang* é um conceito dominante na filosofia chinesa, representando as duas forças cósmicas primevas do universo. *Yin* (lua) é receptiva, passiva, fria, força feminina, *yang* (sol), o ativo, quente, masculino. Verão e inverno, noite e dia, saúde e doença, homem e mulher – todas as coisas seguem os princípios do *yin-yang*, e de certa forma também estão relacionadas entre si.

F O Japão, uma cultura fálica declarada, no século XX ainda celebrava festivais de fertilidade, que dão uma boa ideia do que acontecia na Europa medieval. Os homens carregam um pênis gigante de madeira (ou, cada vez mais, de plástico cor-de-rosa) em procissão até um templo local, muitos deles com pênis de papel machê pregados em suas roupas, e as mulheres carregando pênis de madeira; sorvetes fálicos, pirulitos e outras comidinhas estão à venda para a multidão. Em alguns festivais é posto fogo em um falo gigante de palha, que depois é mergulhado em uma vulva também de palha, enquanto saquê branco como leite é espalhado por cima. Muitos festivais desapareceram nos últimos tempos – de novo, a ocidentalização.

G Quando Rasputin foi morto em 1916 por um grupo de nobres temerosos de sua influência sobre a tzarina Alexandra, eles lhe cortaram o pênis. O que aconteceu com o pênis, no período de meio século subsequente, não foi revelado, mas, de acordo com Patte Barham, que ajudou a filha de Rasputin a escrever sua biografia, o membro foi mantido em uma caixa de veludo de onde, em 1968, sua coautora e empregada parisiense retirou-o, "parecendo uma banana preta muito além de madura, com cerca de 30 cm de comprimento". Não mais se ouviu a respeito, até que um museu erótico russo foi inaugurado em São Petersburgo, em 2004, com o suposto órgão de Rasputin como atração principal.

H Ao contrário de muitos homens bem dotados, o afável comediante/ator Milton Berle era modesto em relação a seu apêndice, embora Sammy Davis Junior tivesse confirmado: "Mesmo derrubado, é de categoria mundial". Perguntado por Davis sobre o comprimento de seu pênis quando ereto, Berle respondeu: "Não sei, eu sempre apago antes de descobrir" – o que traz à mente a observação de outro ator/comediante, Robin Williams, de que "Deus deu a cada homem um cérebro e um pênis, mas com uma quantidade de sangue suficiente para realizar apenas um trabalho de cada vez".

I Durante séculos os homens melhoraram a aparência de seus pênis com enxertos, mas a prática teve um apelo limitado no Ocidente. Só ficou mais popular, a partir de 1970, acima de tudo, na comunidade *gay*.

Cerca de 20 culturas do Sudeste da Ásia tradicionalmente colocam acessórios em sua masculinidade. Na Índia e em Burma, muitos homens costuram pequenos sinos, alguns do tamanho de um ovo de galinha pequeno, sob a pele do pênis. Malaios, coreanos e filipinos preferem bolas de metal do tamanho de uma avelã. Em Sumatra utilizam pequenas pedras, e, no Japão, pérolas. Entre três a doze aplicações dessas são comuns em todas as culturas – a máfia japonesa (*yakuza*) pode aplicar muito mais: uma pérola a cada ano de sentença na prisão.

No passado, a realeza asiática removia um desses acessórios e o concedia a alguém que merecesse uma grande honra.

No subcontinente indiano e no sudoeste da Ásia em geral, os homens sempre tinham joias aplicadas ao próprio pênis, para aprimorar o ato de fazer amor: na Índia, um haltere, o *apadravya*, é inserido verticalmente na glande; em Bornéu e Sarawak há o similar *ampallang*, mas este é fixado na horizontal e às vezes intercepta a uretra. Uma combinação de *apadravya* e *ampallang* é conhecida como a "cruz mágica".

A preferência tradicional no Norte da África e Oriente Médio não era de ornamentar o pênis, mas o escroto: o anel *hafada* é fixado em qualquer lugar da pele solta; piercings múltiplos não são incomuns, em particular o *piercing frenum*.

Encompridar por meio da *apadravyas, ampalangs* e *hafadas* são métodos encontrados no Ocidente, mas o mais popular é o chamado "anel do Príncipe Alberto", introduzido sob o pênis atrás da glande, atravessando a uretra e saindo pela ponta. Há a crença de que o consorte da Rainha Vitória usasse um desses anéis, mas trata-se de uma lenda urbana datada dos anos 1970.

PARTE 3

O CONSTRANGIMENTO ESTÁ EM QUEM VESTE A CARAPUÇA

A humanidade é comandada pelo Destino, que governa até mesmo aquelas partes privadas que nossas roupas escondem. Se as suas estrelas forem contra você, o fantástico tamanho de seu pau não vai levá-lo a lugar nenhum...

Juvenal

CAPÍTULO 1

RISCOS DE SER PROPRIETÁRIO

VANTAGENS E DESVANTAGENS

Certa noite, no verão de 415 a.c., logo antes do exército ateniense enfunar velas para entrar em uma guerra impopular contra a Sicília, os pênis existentes nas hermas começaram a ser roubados em toda a cidade – centenas deles, em locais públicos, pátios, na entrada das casas particulares. De acordo com o historiador clássico inglês George Grote, do século XIX, ao acordar, os homens encontraram seus guardiães fálicos castrados e sentiram como se Atenas "tivesse virado uma terra sem Deus".

Nunca se descobriu quem foi responsável por esse feito ou o por que. Nos anos 1990, a feminista Eva Keuls, professora de clássicos na Minnesota University, assegurou em *The Reign of the Phallus* que quem perpetrou essa ação foi um grupo de mulheres protestando contra a guerra e também, aproveitando o embalo, contra o mundo falocêntrico. Outros historiadores consideram essa versão sem sentido. A história, todavia, enfatiza a observação aliterativa feita por Gay Talese (*Thy Neighbor's Wife*) de que os pênis são "muito vulneráveis mesmo quando feitos de pedra, e os museus do mundo estão cheios de figuras hercúleas brandindo pênis partidos, remendados ou cortados". O Museu Britânico tem um depósito todo ocupado por tais figuras privadas de suas partes, arrancadas em nome da religião pelos primeiros cristãos e por diversos fundamentalistas em períodos subsequentes, como a Reforma Inglesa e a Revolução Francesa, embora os pudicos vitorianos também tenham contribuído com suas marteladas nas partes privadas da estatuária pública, considerada por eles como um ultraje à decência[A].

A vulnerabilidade dos pênis de pedra não pode ser comparada à dos de carne e sangue, menos ainda aos testículos reais. Os pênis da maioria dos mamíferos contam com uma camada protetora, de onde emergem apenas quando intumescem. Os pênis dos humanos e de seus colegas primatas não têm tal proteção, porque, em vez de estarem presos ao abdome em sua extensão, são pendurados, soltos. Quanto aos testículos, os de todos os mamíferos se originam dentro do corpo, e, em muitas espécies, ali permanecem; em alguns, emergem apenas durante a estação de acasalamento, depois voltam para dentro, e ficam guardados em segurança. Mas em outros, incluindo o homem, os testículos descem para o saco escrotal antes do nascimento e ali ficam por toda a vida. Considerando que esse arranjo interno por certo oferece proteção máxima, parece absurdo que o externo também exista, em especial, você pode imaginar, entre os primatas mais avançados. A razão disso, segundo o que sugeriu um repórter do *Journal of Zoology*, é a evolução da locomoção. Espécies com uma forma suave de se movimentar (de elefantes a toupeiras) conservam seus testículos no interior da estrutura do esqueleto. Espécies que correm e saltam (veados, cangurus, cavalos, primatas) têm os seus para fora – um desenvolvimento que ocorreu porque seu movimento é "concussivo", o que espremia os testículos quando eram internos, e, como o trato reprodutivo não tem esfíncter, o esperma era expelido de forma involuntária, sendo desperdiçado.

Há vantagens de ter a genitália externa. Os pênis que não estão em posição fixa, rígida, têm flexibilidade copulatória (e urinária); testículos externos mantêm o esperma em uma condição de baixa refrigeração, o que o conserva vivo e pronto a ser expelido (veja a p.203, *A "Preciosa Substância" Revisitada*). Mas há desvantagens: o perigo crescente de acidentes ou de ataques ao atingir o homem devido à sua postura ereta, com posicionamento de suas extremidades delicadas na frente. Seus testículos são particularmente vulneráveis a ferimentos e, sendo muito mais delicados do que o pênis – eles são, de fato, parte de suas vísceras – uma batida ou pressão sobre eles pode causar náusea ou mesmo perda de consciência.

Estima-se que um adolescente a cada dez seja chutado nos testículos, com variados graus de riscos e consequências. Os pênis também sofrem danos; garotos pequenos aparecem em pronto-socorros depois que a tampa da privada caiu em cima dos membros deles, isso quando não é uma cortina de enrolar, como aconteceu com o menino Tristan, em *Tristan Shandy*, o que deu a um empregado a oportunidade de soltar essa: "Bem, não há nada bem pendurado na residência de Shandy". Homens de todas as idades também aparecem com regularidade em enfermarias, quando, de forma descuidada, prendem o pênis no zíper da calça. Todo ano, 4 milhões de homens no Reino Unido e 19 milhões nos Estados Unidos têm ferimentos genitais, ao praticar esportes e exercícios. Alguns outros tipos de acidentes parecem hilários para todo mundo, menos para quem sofre. Um inglês, em férias na ilha de Fiji, em 2005, cochilou ao lado de uma piscina de pedra e acordou com uma craca[1] presa em seu pênis, e precisou ser levado correndo para o hospital. Em 2006, um croata se sentou em uma espreguiçadeira em uma praia local, mas quando quis levantar descobriu que seus testículos estavam presos entre as ripas da cadeira – encolheram quando ele caiu no mar, mas voltaram ao tamanho normal quando tomou sol; um atendente precisou cortar a cadeira em pedaços para livrá-lo do aperto.

Mesmo a prática sexual pode causar machucados no homem. Talvez a maioria dos homens nem saiba que tem um *frenulum*, ou freio (menos quem fez circuncisão), uma fina tira elástica que ancora a ponta do pênis à parte de baixo do cilindro. *Frenulum* quer dizer, em latim, "pequeno arco", ou seja, pode romper. Sexo vigoroso em demasia pode ser a causa, e o acidente ocorre geralmente com pessoas muito jovens ou com homens de qualquer idade durante ereções prolongadas por uma noite inteira, quando o sexo é ainda mais intenso do que em condições normais.

Em consequência de um ferimento assim, pode sair bastante sangue (Suzi Godson, especialista em sexo do jornal *The Times*, descreveu

---

[1] N. da E.: O original se refere a *barnacle*, um cirrípede, tipo de crustáceo que inclui as cracas.

um encontro em um hotel em que "o freio de um homem se rompeu e, quando o casal deixou o quarto, parecia que alguém tinha sido assassinado naquela cama"). Além da dor excruciante, o ferimento quase certamente envolve uma visita muito embaraçosa ao pronto-socorro para uma sutura, que sara rápido. Um pênis quebrado é outra coisa.

Todo ano pelo menos 200 americanos, e entre 30 e 40 britânicos, quebram seus pênis eretos. Alguns deles por causas bizarras, como empurrar o órgão ainda inchado para dentro da roupa, embora quase todos esses acidentes sejam decorrência de um ato sexual violento. Uns poucos, também bizarros, em decorrência de uma queda da cama, durante o ato, entortando o órgão ainda ereto contra o solo; alguns, por serem muito atléticos, ao fazer pressão contra o osso púbico ou períneo de sua parceira; com muitos, a coisa acontece quando a parceira está a cavaleiro e gira os quadris.

A pele do pênis, a túnica albugínea, é da espessura de um papel e protege as câmaras esponjosas que se enchem de sangue durante a ereção, com fator dez de coeficiente de segurança em relação à pressão normal do pênis em ereção. Todavia, se esse valor for superado, a túnica arrebenta – e quebra com um som audível.

De novo, nesse caso, a dor é excruciante, o pênis incha e fica com a cor de uma ameixa madura, sendo necessária uma reparação por cirurgia, assim como seis semanas de cama, com o pênis enfaixado. O órgão fica bom, embora seja provável que passe a ficar curvado nas ereções seguintes. Se a quebra for extensiva, o infeliz possuidor do pênis pode desenvolver a doença de Peyronie, na qual placas fibrosas se acumulam no lugar, tornando a ereção dolorosa e diminuindo a rigidez – o pênis pode entortar para a esquerda ou direita e ficar muito deformado, inchando no topo e na base, como se tivesse um grampo invisível a envolver a parte central do órgão. Quatro a cada dez homens com essa doença têm um grau permanente de disfunção erétil.

Diferente do freio partido, a doença de Peyronie (que também pode ter causas médicas) atinge, em sua maioria, homens de meia-idade, embora a prevalência e incidência sejam difíceis de definir, já que muitos homens não pedem ajuda por constrangimento. A literatura atual sugere que de 3% a 9% dos homens sejam vítimas dessa doença.

OS DESPOSSUÍDOS

De acordo com Rabelais em *Gargantua and Pantagruel*, a primeira parte do corpo que o homem primitivo protegeu (com espessas folhas de figueira) foi "o equipamento do amor e o pacote de casamento", palavras pronunciadas por Lady Humphrey de Merville ao exortar seu marido, que saía para a guerra, a cobrir seu baixo ventre com um elmo usado nas liças medievais. Foi no século de Rabelais, o XVI, que a nova tecnologia possibilitou que o "escudo genital" fosse incorporado às vestimentas metálicas: não menos chamativas em tamanho que a braguilha, mas servindo a uma função mais crítica. Quando não há uma proteção sob medida em circunstâncias perigosas, os homens tomam medidas de emergência. Tropas levadas de avião, que ficaram sob fogo antiaéreo durante a Segunda Guerra Mundial, muitas vezes preferiram sentar em seus capacetes, protegendo sua cabeça inferior, em vez da superior. Como consequência das guerras, os pênis podem ficar até mais vulneráveis do que durante o conflito: os vitoriosos têm o habito de emascular os vencidos. Em todo o mundo já se acreditou que tornar os inimigos incompletos em suas partes poderia impedir que eles chegassem ao outro mundo, de onde poderiam partir para uma vingança; essa crença ainda parece existir em parte do Mediterrâneo e Oriente Médio. A maioria dos possuidores de pênis, claro, castraram outros possuidores de pênis na guerra para tirar deles aquela coisa que os transforma em homens, sua condição de machos e, ao fazer isso, torná-los "feminilizados".

Os egípcios, babilônios, hebreus e etíopes, entre outras nacionalidades, consideravam os pênis como troféus de guerra, com escrupulosa contabilidade: após invadirem a Líbia, no ano 1200 a.C., os egípcios foram para casa com um rol de 13.240 inimigos (seis generais líbios, de 6.359 líbios no total, 6.111 gregos, 542 etruscos, 222 sicilianos). Os astecas não eram colecionadores de troféus; preferiam exibir, na beira da estrada, presos a um fio, os pênis de que se apossavam, para envergonhar seus inimigos – como os espanhóis descobriram quando invadiram o México central no século XVI. Tomados ou não como troféus, os cortes de genitália do inimigo ocorreram em todos os tipos de conflito: os normandos, por exemplo, castraram ingleses após a Batalha de Hastings, o que incluiu o rei morto Harold que, como relata William de Pitiers, teve sua "perna" cortada – sendo perna um eufemismo normando; os ingleses e franceses castraram-se uns aos outros nas famosas batalhas da Guerra dos Cem Anos; o remanescente do exército de Napoleão, na retirada de Moscou, morrendo de fome, em um terreno coberto de neve, foi caçado pelos cossacos, tendo seus soldados castrados às centenas. Os conflitos dos séculos XX e XXI, grandes e pequenos, não foram exceção.

Os possuidores de pênis nem sempre precisaram usar a desculpa de que estavam em guerra para livrar outros possuidores de pênis de sua masculinidade – nos anos da braguilha, os turcos paravam viajantes ocidentais para verificar se os seus respectivos conteúdos ainda estavam na embalagem, e removiam os que tinham sobrado, não por ficarem indignados, mas com uma alegria contida de que ainda estivessem lá. O medo da potência e do tamanho dos pênis de outras raças ao longo da história levou a instâncias de castração. Os soldados do imperador romano Adriano cortavam os órgãos de israelitas vivos – por causa da circuncisão, um rito religioso do judaísmo, que expõe a glande de forma permanente, como acontece com os não circuncidados quando o pênis fica ereto, dando a eles a reputação de ter, patologicamente, mais apetite sexual – arremessando-os aos céus e desafiando a Deus: "É isso que você escolheu?"[B] Na região do *Bible Belt America*[2] acreditava-se que os homens negros eram descendentes de Ham, filho amaldiçoado de Noé, e tinham "carne de jumento". Mais de 4 mil

---

[2] N. do T.: Em tradução livre, "Cinturão Americano da Bíblia", região que abrange a maioria dos estados do Sul dos Estados Unidos.

foram linchados na segunda metade do século XIX e primeira metade do XX pelo suposto crime de ter estuprado mulheres brancas, sendo a maioria deles castrada logo de saída.

A castração sempre esteve no repertório de carrascos e torturadores. Durante as Cruzadas (quando cristãos e muçulmanos se emasculavam reciprocamente com igual entusiasmo), o cavaleiro francês Thomas de Coucy erguia seus presos pelos genitais até arrancá-los de seu corpo; em suas memórias autobiográficas (*De Vita Sua*) Guibert de Nogent faz um relato disso, e dos pesadelos que teve em decorrência. Séculos mais tarde, a Inquisição, de forma similar, pendurava alguns daqueles que tiveram o infortúnio de chamar sua atenção – e reservava aos pênis alheios a "tesoura do crocodilo", uma geringonça de metal feita de dois semicilindros com dentes internos, aquecida ao rubro antes de ser fixada ao dito cujo. A castração também fazia parte do enforcamento e do esquartejamento, que, por 500 anos – até uma época tão recente como o século XVIII –, os ingleses adotavam para casos de alta traição (muitas vezes interpretadas de forma liberal: Henrique VIII executou alguns clérigos católicos obstinados para dar exemplo aos outros em sua reforma da Igreja; acabou assim, também, com o suposto amante de sua quinta mulher). As vítimas eram penduradas, com suas "partes privadas" cortadas e exibidas diante de seus olhos, enquanto eles sofriam agonia e humilhação antes de serem lançados na fogueira junto com suas tripas, retiradas dos corpos retalhados – como aconteceu com Carlos I.

Era comum que a retirada dos testículos fosse um dos preços a pagar por uma variedade de crimes em toda a Europa medieval, incluindo falsificar moedas e comer um veado real cozido; na França, durante a Reforma Protestante, era a pena aplicada também à homossexualidade, que a maioria dos condenados preferia à morte, uma condenação comum em diferentes culturas e períodos. Mas uma segunda falta significava a perda do pênis e uma terceira, as chamas na fogueira. Na Europa toda, o pênis e os testículos eram cortados por estupro, por tirar a virgindade da filha de um nobre, por comer um veado real ensopado e, em alguns lugares, por adultério com a mulher de outro homem – assim como no Japão, China e Índia (onde um homem que seduzisse a mulher de seu guru era obrigado a sentar em uma chapa quente e cortar o próprio pênis). As narrativas de revanche dos europeus citam muitas instâncias, sendo a mais famosa a do filósofo francês Pedro Abelardo, que se apaixonou por sua pupila Heloísa. Depois que ela ficou grávida, seu tio e um bando de parentes o seguiram e ele depois escreveu: cortaram "as partes do meu corpo com as quais cometi aquilo que eles condenavam".[C] Clérigos e monges culpados de transgressão sexual eram muitas vezes privados dessas mesmas partes. Um irmão leigo que emprenhara uma jovem freira da ordem dos Gilbertinos, em Watton, Yorkshire, foi atraído pelas outras irmãs da ordem até o monastério, onde ela mesma foi forçada a castrá-lo antes de retornar à sua cela.

É inegável que abusos e traições levaram mulheres a castrar homens, sem precisar de coerção para manipular a faca. Mas essa tarefa manual tornou-se um fenômeno mundial no início dos anos 1990 depois que John Wayne Bobbitt, um ex-integrante da Marinha americana, teve seu pênis cortado por sua mulher, Lorena. Em todos os Estados Unidos, e da China até o Peru, casos semelhantes começaram a ocorrer, tendo a Tailândia como epicentro: no fim do milênio, mais de 200 casos tinham sido reportados à polícia de lá, que admitiu haver decerto muito mais ocorrências cujas vítimas preferiram guardar as perdas para si mesmas. Os pênis e testículos podem, claro, ser reimplantados e até voltar à função normal – se, bem entendido, forem encontrados. Bobbit teve a sorte de sua mulher ter lançado seu pênis em um arbusto junto a uma cerca, podendo ser recuperado. Um homem no Alasca também foi sortudo: sua parceira havia jogado a peça na privada e dado descarga, mas ela acabou chegando à estação de tratamento. Em 31 dos casos da Tailândia, o hospital de Bancoc foi capaz de dar um novo sentido à expressão "reencontro de amigos". No entanto, outros pênis cortados foram-se para sempre – mulheres fizeram deles alimento para patos e galinhas, colocaram-nos no liquidificador ou no lixo. Um homem na Índia deu adeus a seu pênis que subia, quando uma mulher prendeu-o a um balão de hélio.

A emasculação de homens por mulheres é, em geral, uma atividade solitária, mas uma experiência coletiva aparece em *Germinal*, de Emile Zola, embora o lojista Maigrat, culpado de assediar sexualmente ou estuprar muitas de suas credoras, já tivesse morrido ao cair de um telhado durante uma greve de mineiros:

> ...*as mulheres tinham outros acertos de contas a fazer.*
> *Elas farejavam em torno dele como lobas, tentando pensar em algum ultraje, alguma obscenidade para aliviar seus sentimentos.*
> *Ouviu-se a voz aguda de Ma Brûlé:*
> *"Dê um jeito nele como maníaco que é!"*
> *Sim, sim, como um gato! O safado fazia isso a toda hora!"*
> *Mouquette já estava tirando e baixando suas calças, ajudada por la Levaque, que levantou suas pernas. E Ma Brûlé, com suas velhas mãos enrugadas, afastou suas coxas nuas e pegou sua virilidade morta... e puxou tão forte que estirou suas próprias costas raquíticas... A pele fina resistiu e ela precisou tentar de novo, mas ao final conseguiu foi arrancar um naco de carne sangrenta e peluda...*

Mas uma ação coletiva não está confinada à imaginação de um romancista ou às vítimas. No Camboja, as mulheres arrastaram da delegacia de polícia um homem preso por uma série de estupros, cortaram seu pênis, colocaram-no em uma máquina de moer e depois o obrigaram a comê-lo.

Castração é um negócio complicado, seja lá como for feita; poucas mulheres recorrem a ela. Há muitas outras que não o fazem, mas pensam que só uma retaliação na área genital pode compensar a ofensa que sofreram, por isso recorrem a uma estratégia sem tocar o membro diretamente com as mãos – jogam água ou gordura fervendo nele. Remover ou machucar o pênis de um homem nem sempre é um ato de vingança. Uma dona de casa de Pequim não tinha senão amor em seu coração quando, em 1993, ela "depenisou" seu esposo com uma tesoura. Um adivinho tinha dito a ela que o órgão inadequado dele era o problema de seu relacionamento. Ela cortou-o, na esperança de fazê-lo retornar maior e melhor...

OUTRAS EXPROPRIAÇÕES

Homens castraram homens por muitas outras razões[D] além do desejo de sangue – principalmente para fornecer serviçais, guardas, administradores e padres. Os índios Carib (que deram nome ao Caribe) castravam meninos capturados de seus inimigos para fins alimentares. A remoção dos testículos antes da puberdade impede a corrida hormonal para se tornar adulto. Como canibais, a tribo apreciava que a carne dos castrados permanecesse sem musculatura, e consequentemente macia, até o momento de jogá-los no caldeirão.

De leste a oeste, prisioneiros e criminosos castrados eram os primeiros serviçais e a demanda por eles ficou maior do que a oferta. Assim, como os meninos castrados antes da puberdade provavam-se mais dóceis e de confiança, os traficantes de escravos viram aí uma oportunidade de negócios, e aportaram meninos de outros países – os mais bonitos, é preciso dizer, acabavam em bordéis masculinos. A maioria da classe dos eunucos que veio da África, pelo Egito e Sudão, passava por uma "depilação total" – e era despojada do pênis e dos testículos. Somente tais homens tinham acesso aos haréns dos sultões dos turcos otomanos. Em outros lugares dos palácios, só os eunucos em que faltavam apenas os testículos eram empregados, e eles eram brancos, não negros: o Império Otomano, em seu auge, espalhou-se da Ásia para parte do lado do Leste Europeu e um considerável número de eunucos veio da Hungria, das terras eslavas, da Alemanha,

Armênia, Geórgia e do norte do Cáucaso. Todos os eunucos da China Imperial eram totalmente depilados – os imperadores sempre temiam a fundação de uma dinastia rival e não facilitavam com um inimigo que já estava em casa. Mais seguros de seu poder, os mongóis na Índia permitiam a todos os seus eunucos conservarem seus pênis.

Castrar meninos pequenos era simples: uma pressão na carótida deixava-os inconscientes, e depois disso, seus testículos eram esmagados, quase sempre com a mão, danificando de forma permanente as glândulas seminais; havia a alternativa de estrangular os testículos com um cordão, para necrosar e depois cair – fazendeiros castravam carneiros do mesmo jeito, com elásticos.

Já os escrotos e testículos de adultos eram extraídos com faca.

Só cortar os testículos não representava risco de vida. Mas cortar o pênis sim, e nem mesmo um homem a cada cinco sobrevivia à castração africana; mesmo na cidade sudanesa de Tewasheh, que já foi um dos maiores fornecedores de eunucos, de 30 mil castrados anualmente só 3 mil não morriam. O procedimento era cruento. Tiravam a roupa do homem, seus genitais eram atados com faixas para conter a circulação e depois cortados em fatias, sendo a ferida cauterizada com ferro em brasa ou alcatrão e, para manter a uretra aberta, uma vara de bambu era inserida ali. Em seguida o castrado era enterrado até o umbigo em areia ou lama, sem nada para beber por cinco ou seis dias. Se, então, sua urina fluísse, ele tinha uma chance de sobreviver; se não, ele teria uma morte cruel, impossibilitado de esvaziar seus rins – se, bem entendido, não morresse pela perda de sangue ou septicemia. Em contraste, os chineses lavavam os genitais do homem com água quente e pimenta, para reduzir a sensibilidade, depois removiam os órgãos com uma lâmina curva mergulhada em suco de limão, um antisséptico. A ferida era fechada com um tampão de prata, e ele era forçado a caminhar por muitas horas até ser autorizado a descansar. O procedimento de castração era tão radical que se o castrado sobrevivesse (talvez a metade sobrevivia) ele nunca mais seria capaz de urinar em pé, somente por meio de uma cânula.

Os possuidores de pênis podem não acreditar, mas não faltavam candidatos a eunucos na China, Índia e Bizâncio, a parte do Império Romano do Oriente que capitulou diante dos turcos otomanos no século XV: eles achavam preferível ficar dentro dos muros do palácio sem uma parte ou o conjunto de seus "documentos" do que do lado de fora, com os órgãos intatos, mas em abjeta pobreza. Riqueza e oportunidade eram um enorme atrativo, e os pais de muitos filhos tinham muitas vezes um ou dois castrados na esperança de conseguir serviço para eles. Em 1644, havia 20 mil candidatos para 3 mil vagas na Cidade Proibida da China, que, ao mesmo tempo, empregava 70 mil eunucos. Era possível para um eunuco chegar a administrador, comandante militar ou mesmo conselheiro confidencial e, em Bizâncio, os eunucos eram tão bem vistos por sua suposta incorruptibilidade que oito dos postos mais importantes do Império eram especificamente reservados para eles.

Os domínios otomanos e chineses entraram em colapso no início do século XX e com eles terminou a era dos eunucos. O último remanescente na Cidade Proibida caiu fora em 1912; cada um que saía levava consigo uma jarra de barro contendo seus órgãos seccionados (conhecidos em mandarim como "o tesouro precioso"), preservados em álcool, a serem enterrados com o dono quando morresse, de forma que, ao renascer, ele estaria completo de novo.

Pelo menos do século IX em diante, os eunucos cantavam nos coros das igrejas cristãs bizantinas. A laringe de homens destituídos de seus testículos, como o resto de seu corpo, não cresce de maneira normal, e sua voz mantém um alcance vocal de menino, enquanto, ao mesmo tempo, desenvolve uma força extraordinária. Quando os italianos começaram a experimentar corais polifônicos complexos, seus respectivos condutores, proibidos por uma bula papal de recrutar mulheres, discretamente admitiram os *castrati*. A castração era ilegal (mas não desconhecida: mães italianas pobres às vezes tinham um filho castrado para vender aos mercadores turcos, que pagavam bons preços).

Não é surpresa que aqueles que tentavam lugar nos coros não tivessem ido ao barbeiro para receber ópio, nem colocados em uma banheira de água muito quente e depois levados quase inconscientes para ter suas partes decepadas; não, todos tinham tido um trágico "acidente".

Havia um ponto positivo na remoção testicular de um pré-púbere. Os *castrati* não ficavam carecas, e, de acordo com as modernas pesquisas estatísticas, viviam 13 anos a mais do que a média; além disso, o século XVII fez despontar algumas estrelas dos palcos de ópera ("Longa vida à faca!", gritavam as plateias embevecidas), sendo que o mais importante deles tornou-se muito rico. As mulheres se atiravam aos *castrati*, e mesmo que as lendas a respeito de suas conquistas sejam exageradas, alguns fizeram bastante sexo – perder os testículos não significa perder a capacidade de ter ereção e mesmo de ejacular. O que Juvenal escreveu sobre as matronas romanas e moças jovens tinha algo de verdadeiro: "Elas adoram eunucos delicados – tão macios, tão bons de beijar por não ter barba, sem preocupação a respeito de abortos!".

Mas havia a parte negativa, além da impossibilidade de gerar descendência. O desequilíbrio hormonal significava seios femininos e rins fracos, visão fraca também, inexistência de pelos masculinos no corpo e muitas vezes uma cabeça muito pequena; muitos eram portadores da condição chamada macroscelia, que fazia os ossos da caixa torácica, pernas e braços continuarem a crescer – os braços de alguns *castrati* chegavam a seus joelhos. *Castrati* no palco costumavam ser uma cabeça maiores do todos os demais, o que era esquisito para quem interpretava papéis femininos. A era dos *castrati* operados terminou no início do século XIX, com a mudança dos gostos musicais e a ascensão das divas, época em que cerca de 4 a 5 mil garotos haviam sofrido "acidentes". Mas o último *castrato* não deixou o coro da Capela Sistina antes de 1913 – uma sucessão de papas continuou fingindo que nada via, pela glória de Deus.

Sempre houve homens preparados para ser castrados por suas convicções religiosas. Os padres de muitas civilizações estavam prontos, incluindo os do culto da deusa romana Cibélia, cujos noviços castravam-se a si próprios no anual "dia do sangue". O que parece extraordinário é que as flautas tocavam e os tambores rufavam, enquanto alguns espectadores, com certeza possuidores de pênis, ficavam tão enlevados que se juntavam a eles. De acordo com James Frazer (*The Golden Bough*), "homem após homem, as veias vibrando com a música, olhos fascinados pela visão do sangue correndo, tirava a roupa, saltava para a frente com um grito, e, tomando uma das espadas que estavam ali à espera, castravam-se no ato".

Os primeiros cristãos eram obcecados pela autocastração, como um meio extremo de castidade ("e havia eunucos para o reino, graças a Deus", Mateus 19:12), e um deles era o teólogo Orígenes de Alexandria, no século III. Mil e quinhentos anos depois, o russo Skoptzis, que rompeu com a Igreja Ortodoxa Russa, fez a mesma leitura bíblica, e sua seita sobreviveu até o século XX. Os *karamojong* do norte de Uganda e os *sadhus* sagrados, que ainda são fortes na Índia e no Nepal, não cortam nada fora, mas têm uma maneira única de colocar o pênis fora de função; desde muito cedo, penduram pesos avantajados no pênis, de tal forma que às vezes eles chegam a um comprimento de 60 a 90 cm, o que permite que deem nele um nó – alguns *sadhus* carregam o deles em uma cesta de tecido.

A religiosidade extrema ainda é responsável por uma proporção de pessoas do Ocidente que levam uma faca até seus genitais, em qualquer combinação – de um testículo, dois testículos ou do pênis, ou todo o conjunto de uma vez. Bêbados aparecem de vez em quando no hospital tendo removido um testículo, ou mesmo os dois, sem razão alguma senão que parecia uma boa ideia no momento da ação, frequentemente envolvendo uma aposta. Os que se castram totalmente têm, em geral, distúrbios mentais ou são transsexuais desesperados, convencidos de que estão num corpo anatomicamente errado.[E, F]

Os médicos têm sido competentes por séculos na remoção de testículos como prevenção ou cura para diversas condições. A castração foi um tratamento regular para hérnias na Idade Média (assim como era comum grampear os testículos das vítimas da peste bubônica). Os médicos franceses castravam rotineiramente os pacientes de hanseníase, reumatismo ou gota. Os doutores relutaram em deixar de lado a ideia de que os testículos colaboravam para o surgimento de doenças não especificadas e anormalidades – ainda no início do século XX, os epilépticos, nos Estados Unidos, assim como alcoólatras, loucos, homossexuais e masturbadores contumazes – esses últimos recriminados com rigor na Inglaterra vitoriana – eram castrados.

Há meio século, era um infortúnio nascer com um micropênis; a forma mais comum de lidar com os piores casos (quando não havia quase cilindro peniano, sendo a glande virtualmente assentada sobre a pele do púbis) era a de uma troca de gênero: os testículos do garoto e os vestígios de pênis eram tirados, uma vagina artificial moldada e o paciente era informado que, de agora em diante, era uma menina, com a prescrição de hormônio feminino para o resto da vida "dela". Hoje, cirurgias mais avançadas podem aumentar o tamanho do órgão anormalmente pequeno até atingir dimensões quase naturais, com o uso de músculos do antebraço e sem a perda da sensação erógena. Homens assim transformados, como a *New Scientist* reportou em 2004, agora podem ter uma vida sexual plena e normal, e urinar em pé, alguns pela primeira vez.

CAPÍTULO 2

O PÊNIS NEURÓTICO

ESTÁ TUDO NA CABEÇA

Pode o pênis de um homem lhe ser roubado por feitiçaria? Houve épocas em que esse medo parecia ser universal. Ele aparece muito em lendas do folclore de sociedades pré-históricas. Surge em textos médicos chineses antigos. Fez parte do imaginário da Europa medieval, resultando em centenas de bruxas queimadas na fogueira pelo roubo de pênis. No *Malleus Maleficarum*, o manual das bruxas e seus truques, do século XV, o padre dominicano alemão e caçador de bruxas Jacob Sprenger afirmou que as bruxas

> *coletam órgãos masculinos em grande número, chegando a 20 ou 30 ao mesmo tempo, e os colocam em um ninho de passarinho, ou fechados em uma caixa, onde eles se movem como seres vivos, alimentando-se de milho e aveia, como tem sido visto por muitos, sendo uma matéria de senso comum... certo homem conta que, quando perdeu seu membro, ele se aproximou de uma bruxa conhecida, pedindo que lhe ela restaurasse o seu. Ela disse ao homem afetado que ele trepasse em certa árvore, e poderia pegar do ninho aquilo de que mais gostasse, sendo que ali havia diversos membros. E quando ele tentou pegar um grandão, a bruxa disse "não pegue esse aí, que pertence a um padre da paróquia".*

O estado patológico do pensamento medieval era tal que se acreditava que as bruxas faziam sexo com o diabo, cujo pênis, segundo alguns, ficava atrás e era coberto de escamas, enquanto outros diziam que se tratava de uma forquilha, ou até mesmo que ele tinha dois membros, para o caso de uma penetração simultânea atrás e na frente. A ejaculação do diabo excedia a quantidade de mil homens, sendo o líquido frio como gelo. Freud acreditava que a vassoura da bruxa era de fato uma metáfora para "o grande pênis do Senhor".

No mundo moderno, essa crendice do roubo do pênis se mantém confinada aos países da África Ocidental e Central. Habitantes da Malásia, Bornéu, Sul da Índia e China têm uma ansiedade relacionada, mas diferente – lá existe a crença de que é possível que seus pênis se recolham para o abdome, o que causaria suas respectivas mortes, tornando-os fantasmas. Surtos periódicos de histeria atingem vilas e cidades ou mesmo países inteiros. Em um caso recente isolado na capital do Sudão, Cartum, um rumor preveniu os homens de que havia uma "misteriosa africana ocidental" cujo aperto de mão derretia os genitais. Muita gente acreditou ter sido atingida ao procurar tratamento médico. Os alegados ladrões de pênis na África são rotineiramente enforcados ou queimados com gasolina por massas enfurecidas. Mas a misteriosa africana ocidental nunca foi encontrada, o que não surpreende: o rumor era uma pegadinha – espalhada por mensagens de texto.

Os antropólogos consideram o pânico do pênis uma síndrome cultural; chama-se *kora* no Sudoeste da Ásia: "cabeça de tartaruga", em malaio. E de tempos em tempos a *kora* chega a pacientes sem atendimento hospitalar, deixando-os aterrorizados, como aconteceu em Cingapura durante uma onda de frio nada usual, em 1967. O frio deixa os genitais mais rígidos. Centenas de homens, porém, se convenceram de que a causa do que estava acontecendo era outra, e dirigiram-se a um hospital, muitos com uma mão no bolso da calça ou sob um turbante, outros com uma corda desaparecendo sob as roupas (alguns com uma pedra presa à corda), e alguns mais despudorados segurando o membro exposto com as duas mãos, e os que não queriam correr riscos apareciam com um pino de segurança que atravessava suas glandes. Durante o que tenha sido talvez o maior surto da paranoia de *kora* dos tempos modernos, que ocorreu em 1984-5, 5 mil homens na província chinesa de Guangdong usaram medidas preventivas similares, embora alguns, como uma distinção cultural, escolheram segurar seus pênis com *hashis*, os típicos palitos de comer, para prevenir uma retração fatal.

AVENTURANDO-SE NO DESCONHECIDO

Os homens desejam sexo, mas desde o início dos tempos tiveram muito cuidado com sua fonte de prazer. Muito antes de Freud e da teoria psicanalítica, os homens primitivos acreditavam que os órgãos sexuais externos da mulher tinham o aspecto de uma castração – e que esse destino poderia cair sobre eles, caso se arriscassem.

A vagina era o lugar do escuro procriativo, um local sinistro, de onde o sangue pingava periodicamente, como uma ferida. Durante a menstruação, aconselhava o medieval *De Secretis Muilierum* (Dos Segredos da Mulher), a mulher estava tão cheia de veneno que um homem que fizesse sexo com ela ficaria leproso ou canceroso. A vagina era tão ruim, de acordo com o pensamento muçulmano, que um homem que olhasse para sua entrada poderia ficar cego. Homens de todos os lugares acreditavam que a primeira passagem por seu portal era perigosa. Em muitos países e ainda em partes da África e da Índia, o noivo passava a tarefa de deflorar sua noiva a uma pessoa mais velha: o chefe da vila, o senhor feudal ou um clérigo, cujo poderoso *status*, obviamente, poderia compensar os malefícios do ato em si. Já no Oriente, homens de alta casta às vezes mandavam um escravo – dispensável, se a missão se provasse danosa – para resolver a questão.

Em alguns países em que essa estratégia de proteção era comum, uma prática paralela era os homens alfa colherem "os primeiros frutos da noiva" em sua noite de núpcias. Há mais de 4 mil anos, de acordo com o épico de Gilgamesh, o povo de Uruk (o Iraque de hoje) não ficava nada satisfeito com a insistência de seu soberano de que "o rei seria o primeiro e, em seguida, o marido".

O historiador grego Heródoto acreditava que o hábito fosse exclusivo de uma tribo obscura da Líbia, mas na verdade era muito comum no mundo antigo – e alguns casos ocorrem aqui e ali até hoje. Foi notório no Império Otomano, o centro da interação Oriente-Ocidente por seis séculos, até o início do século XX, e na Armênia Ocidental, onde os chefes curdos reservavam-se o direito de deflorar a noiva na noite de núpcias.

Uma boa quantidade de escritos sustenta que o direito à primeira noite (*jus primae noctis*) era praticado na Europa medieval, mas não há evidência sem contestação (culpe Voltaire por espalhar que se tratava de um hábito difuso; no século XVIII, ele entendeu que se tratava de um fato histórico autêntico). Há, todavia, a evidência de que um lorde importante tinha o direito de se deitar na cama da noiva e passar a perna nua sobre ela (*drôit de jambage*); em certos lugares, a noiva era obrigada a fazer-lhe um pagamento (*legewite*, na lei anglo-saxônica, a "taxa por deitar-se"), em compensação pela perda de sua (suposta) virgindade para outro. O costume era simbólico e tinha mais a ver com uma demonstração de poder do lorde sobre os camponeses do que com sexo – além de uma boa contribuição, sem dúvida, à expressão idiomática "*leg over*[3]").

Mesmo protegidos, os homens tinham medo de que a vagina, a quem já fora atribuída misteriosos poderes sexuais (não era ela que surpreendia o órgão do homem, absorvendo-o, ordenhando-o e cuspindo-o danificado ao final?), poderia ser mesmo insaciável. Segundo um aforismo muçulmano existem três coisas insaciáveis: "o deserto, a cova e a vulva de uma mulher". O mundo árabe era vítima do medo mais radical da vagina voraz. "Vi a vulva dela!" lamenta um amante diante de uma obra-prima do século XV, *The Perfumed Garden*. "Abriu-se como a de

---

[3] N. da E.: A expressão literalmente significa "perna por cima" ou pernada e hoje é usada em referência ao ato sexual.

uma égua quando o garanhão se aproxima." O autor previne o leitor: "Algumas vulvas, com desejo selvagem e ansiando pelo ato, lançam-se ao membro que se aproxima". A Europa tinha o mesmo tipo de aflição sobre o fato de a mulher ser insaciável, o que faria, em algumas delas, o clitóris crescer e ficar do comprimento de um membro masculino. "Embora elas constituam vasos mais fracos", escreveu o músico elisabetano Thomas Whythorne, "ainda assim elas cobrirão dois, três ou quatro homens, na busca de satisfazer seus apetites carnais".

Antes do intercurso, declarou Thomas Bartolin em um tratado médico muito popular no século XVII, a vagina "anseia por receber a vara, como a Besta anseia por sua comida". Besta – ou, 400 anos depois, uma famélica ave em *Lady Chatterley*, de Lawrence, Mellors conta a Connie sobre o sexo com sua mulher: "...é como se ela me arrebentasse, como se fosse um bico rasgando. Por Deus, você pensa que uma mulher é suave como um figo, lá embaixo. Mas eu te conto, as velhas rampeiras têm bicos entre as pernas". Pior: dentes. Na Idade Média acreditava-se que algumas bruxas, com a ajuda da lua e de palavras mágicas, poderiam desenvolver dentes vaginais para dilacerar os homens. Nos mitos e lendas de muitas nações, da China à América do Norte, mas em especial no Sudeste da Ásia, vaginas com dentes ou mesmo armas, castram ou matam parceiros sexuais.[G]

Uma ansiedade menor, mas não menos real para alguns homens era, e continua sendo, o mito de que a vagina impedirá a saída do pênis. Em *The Second Sex*, Simone de Beauvoir escreveu que dá para entender que alguns jovens fiquem nervosos em sua incursão "por dentro do escuro segredo das mulheres, sentindo, mais uma vez, um medo infantil, como no portal de uma caverna, ou tumba", e seu medo de que um "pênis entumecido possa ser fisgado em seu tecido mucoso". Enquanto esse medo é, em geral, fruto de inexperiência, o fato de o pênis entalar – *penis captivus* – pode ocorrer com mais frequência do que se poderia esperar de uma lenda urbana. Em casos raros, a dupla de músculos da ereção em ambos os lados da vagina pode ter um espasmo tão severo que fica impossível para o homem tirar o pênis, ou perder a ereção. Em 1980, o *British Medical Journal* trouxe uma troca de correspondências considerável atestando a experiência de tratar de *penis captivus*, incluindo a carta de um médico que se lembrava, como residente no *Royal Isle of Wigh County Hospital*, do caso de um casal em lua de mel, em que saíram ambos carregados, em uma só maca. Acredita-se que uma situação embaraçosa como essa envolveu Lady Edwina Mountbatten e seu amante negro, o astro de cabaré Leslie ("Hutch") Hutchinson (com muita autocomiseração, Lord Louis Mountbatten contou ao líder da orquestra, na casa noturna em que se embebedava, que "ele tem um pau como um tronco de árvore, e está fodendo a minha mulher"), em um hotel de Londres nos anos 1930; eles foram retirados de lá discretamente, para o desembaraço médico.

ATRAINDO O VENENO

As ansiedades dos homens quanto a seus encontros sexuais nunca arrefeceram com a retirada. O espectro de doenças venéreas (os antigos egípcios chamavam-nas de "doenças copulatórias") sempre ficou à espreita por cima de seus ombros. A gonorreia foi comum na Europa desde a Idade Média. Mas as coisas pioraram como um presságio na última década do século XV: a violência da doença venérea estourou como uma peste. Ela teria sido trazida do Novo Mundo, no retorno da viagem de Colombo e de seus marinheiros, ou foi decorrência de uma mutação de algo que já existia (há discussões), estourando como uma praga.

Poucos dias depois do surgimento da infecção causada, sabemos agora, pela bactéria *spirochaetes*, aparecia no pênis uma ulceração circular chamada cancro. Em semanas, erupções de bolhas de pus estouraram por todo o corpo, da cabeça aos joelhos e a carne caía das faces. A sífilis (em inglês, *great pox*, para diferenciar do sarampo, que é *small pox*, com o qual dividia algumas características) rapidamente matou milhares de pessoas – tanto homens como mulheres, apesar de os homens culparem as mulheres que, diziam, não só os infectavam como infectavam a si mesmas. Acreditava-se que o contato com sangue menstrual era o perigo principal. Foram necessários 200 anos para que ficasse claro que os homens infectavam as mulheres também.

A sífilis tornou-se um pouco menos virulenta em 100 anos – uma extensa mancha vermelha cor de presunto cru, em vez das pústulas, e a morte evitada talvez por 20 anos. Os atingidos talvez desejassem que isso não tivesse acontecido: caroços podiam aparecer em todo canto a partir das glândulas linfáticas infectadas, assim como dor nos ossos e verrugas ao redor do ânus; a pele do pênis podia se decompor e precisar ser eliminada. A doença, claro, tinha muitos níveis de gravidade e em geral havia um tempo de recesso, em que o sofredor parecia ter melhorado. Então, tumores elásticos cresciam nas partes moles e vísceras, podendo resultar em múltiplos sintomas, inclusive angina, causada pelo inchaço da aorta, cegueira, surdez e dormência nas pernas, podendo levar à paralisia... e à loucura.

O tratamento consistia de isolar o doente, deixá-lo quase sem comer nada, injeções por via retal – e mercúrio: poções de mercúrio a serem ingeridas, banheiras com mercúrio para transpiração, pomadas de mercúrio para esfregar na pele e para causar vesículas no pênis. Quando as braguilhas eram exibidas pelas cortes da Europa, as que pertenciam aos sifilíticos eram verdadeiras caixas de remédios, mantendo seus pênis enfaixados lá dentro, em bandagens tratadas com mercúrio. O mercúrio era altamente venenoso (e ineficiente) e aumentava o sofrimento do doente, em particular no século XVIII (quando o *great pox* passou a ser chamado de sífilis): as dosagens tornaram-se tão fortes que provocavam úlceras nas mandíbulas, línguas e palatos. Cabelos e dentes caíam e os narizes eram destruídos – ourives fabricavam falsos narizes para cobrir os furos das narinas.

A gonorreia, popularmente chamada de *clap* – causada pelo *gonocucus bacterium* – era dez vezes mais comum do que a sífilis, e embora debilitasse o doente, era muito menos cruel: um corrimento característico de cor amarela saía pelo pênis, sentia-se dor ao urinar, inchaço e grande sensibilidade em um testículo; conversas a respeito de "dor no saco" eram ouvidas em cada café de Londres na Restauração.

Até o final do século XV, o tratamento ia de lavar os genitais com vinagre até enfiar o pênis em uma galinha recém-abatida. Daí para a frente entrou o mercúrio como escolha mais popular, assim como acontecia com a sífilis, junto com a sangria, a lavagem, o jejum absoluto, os banhos de vapor e o descanso na cama, com a maior quantidade suportável de cobertas. Com sorte, o pênis purulento melhoraria em um ou dois meses, como um nariz escorrendo, antes que o mercúrio fizesse um estrago maior. Mas as cicatrizes da infecção podiam criar estrias fibrosas, que estreitavam a passagem urinária, necessitando, mais tarde, de uma dolorosa dilatação com um instrumento curvo de metal.

Por várias centenas de anos, os infectologistas advertiram que "se o homem ficar muito tempo no corpo da mulher, e por excesso de êxtase, calor e saciedade, deixar-se levar sem cuidado pelo coito... será o jeito mais rápido de atrair o veneno, o que não ocorre quando ele tira rápido". Melhor ainda era evitar mulheres apaixonadas. Não havia nada tão perigoso, segundo os conselheiros, do que uma mulher que gostasse do coito – pois, segundo eles, isso conduzia à esquizofrenia. Essa era uma crença vitoriana expressa pelo médico William Acton, de que era uma vil calúnia dizer que uma mulher virtuosa fosse capaz de ter prazer sexual.

Os tratamentos de doenças venéreas ficaram mais efetivos durante o século XIX e início do XX, mas não representaram muito até a chegada da penicilina, durante a Segunda Guerra Mundial. Nessa época, a sífilis e a gonorreia pareciam ter sido dominadas – isto é, até as últimas duas décadas, quando as doenças sexualmente transmissíveis começaram a aumentar e estão se provando progressivamente resistentes não apenas à penicilina, mas aos subsequentes desenvolvimentos dos antibióticos.

Nessas circunstâncias, alguém pode supor que, no melhor interesse de todos, os homens começassem, naturalmente, a usar alguma proteção. Ao contrário daquilo de que Madame de Sévigné se queixava em relação ao preservativo do século XVII, o que existe hoje é somente uma teia de aranha que pouco afeta o pleno prazer, sendo, ao mesmo tempo, uma armadura contra a infecção. Muitos usam proteção, alguns nem sempre, enquanto outros simplesmente não usam – sendo as pessoas de meia idade as que mais abusam da não utilização da camisinha com uma nova parceira. É como se os donos de pênis tivessem uma aversão genética programada e encarassem seu membro em uma camisinha como o homem de *O Grito*, de Munch. Eles usam diferentes terminologias, mas são como seus ancestrais, que preferiam arriscar "uma noite com Vênus, e o restante com Mercúrio" – acabando com seu pau "bravamente torto", como Shakespeare descreveu.

Em séculos passados, talvez os homens pudessem se defender desse comportamento. Eles não sabiam que espalhavam doenças venéreas tanto quanto se contaminavam. E antes da vulcanização da borracha, a camisinha era uma proposta nada atraente. A primeira camisinha, desenvolvida após o aparecimento da sífilis (anunciada como preventivo contra a doença, não como barreira contraceptiva), era uma duvidosa touca de tecido que se encaixava de forma precária sobre a glande e sob o prepúcio e, após ser colocada no lugar, era amarrada com fitas presas ao escroto. Ainda estava se fortalecendo no século XVIII (fitas disponíveis em cores militares), continuando a fornecer "nada além de satisfação tediosa", conforme escreveu o biógrafo James Boswell em seu diário. Ele permitiu a si próprio não usar proteção e contraiu gonorreia 17 vezes em nove anos. Mais tarde, a camisinha passou a ser de intestino de carneiro e lavável, sendo extremamente desconfortável. "Com frequência, minha ferramenta dura como aço encolhia direto, assim que a entranha molhada a tocava", comentou o vitoriano "Walter", em sua biografia um tanto espúria, *My Secret Life*. Ele também não se protegeu e aceitou as consequências, contraindo gonorreia diversas vezes "o que me colocou de cama por semanas, necessitando abrir meu canal urinário com tubos cirúrgicos".

GAME, SET, ERRO

Os homens podem ter amadurecido em seus medos mais loucos quanto à sexualidade feminina.[H] Mas, embora mais experientes, mais à vontade com as dimensões de seus pênis e confiantes na sua cooperação, eles sempre entram em território desconhecido a cada encontro sexual, mesmo quando envolve parceiras com quem eles têm mais intimidade.

Seu dilema está na diferença entre a sexualidade da mulher e a sua própria. É inerente à mulher a necessidade de estímulo envolvendo todo o corpo, o que leva tempo; é inerente ao homem querer apenas fricção aplicada ao pênis, e passar ao intercurso o mais rápido possível. Eis porque, 2 mil anos atrás, Ovídio aconselhou-os a "não ir muito rápido, deixando sua amante para trás". O interesse dos possuidores de pênis nos jogos preliminares, a menos que tenham consideração e cuidado, pode ser limitado: "um rápido carinho no clitóris como se fosse para fazê-lo ficar ereto", como uma mulher observou, "e uma enfiada de dedo em busca do ponto G – se ouviram falar disso", antes de partir para o negócio da penetração e da ejaculação. Para muitos homens, o sexologista Magnus Hirschfeld escreveu, "qualquer outra preliminar é de uma chatice ridícula".

Quando acabam, os homens são cinco vezes mais rápidos, em média, do que as mulheres para alcançar o clímax (ver Parte 4, "A Mecânica Violenta"). Não é de admirar que as mulheres às vezes pensem que os homens são uns rematados egoístas ("A atividade, o orgasmo era só dele, só dele" – *Lady Chatterley's Lover*, D.H. Lawrence). A atriz Lillie Langtry, amante de Eduardo VII quando ele era o príncipe de Gales, ao ser questionada se ele era um amante atencioso, respondeu, "Não, ele vai metendo direto". Deve haver mais homens assim do que ao contrário.

Será que falta aos homens inteligência emocional para entender as necessidades do desejo sexual da mulher? A questão tem sido feita com frequência (o feminismo descreveu o pênis como "o olho que tudo vê, mas não nada entende"). A despeito de décadas de informação sobre o orgasmo feminino ser no clitóris e não na vagina, os homens acham difícil aceitar o paradoxo da biologia darwinista de que o ponto da satisfação sexual da parceira, o clitóris, é separado do local do intercurso; e a imprevisibilidade de um orgasmo feminino permanece um mistério para eles. Muitos seguem acreditando que é o pênis bem lá no fundo do corpo da mulher que vai fazê-la desmaiar de tanto prazer. E ela deveria mesmo desmaiar, como a heroína Jordana em *The Pirate*, de Harold Robbins (um exemplo típico), que, quando "a beleza de 25 centímetros" do gigolô Jacques "bate nela como um martelete", previsivelmente, "em algum lugar à distância (ouve-a) gritando quando, um orgasmo atrás do outro, corta-a ao meio", de forma que finalmente "ela não aguenta mais". "Pare", ela gritou. "Pare, por favor". Se uma mulher não desmaia – e de acordo com a volumosa pesquisa *Sex in America* de 1994 só metade de todas as mulheres chegam a ter orgasmo, só para a metade delas acontece regularmente, e 19% nunca têm orgasmo – os homens tendem a achar que isso é porque ela não estava "concentrada nisso" (Kinsey). Eles ficam ressentidos, como se fosse uma falta de consideração delas – eis porque, de acordo com *Sex in America*, metade da América finge ("Sim, sim, sim!"). Homens heterossexuais, às vezes, têm uma suspeita, sempre que a vida sexual acaba, de que a sua parceira tinha mais a ver com o ocorrido do que eles. Uma suposta evidência fácil de refutar, mas o profeta Tirésias, da mitologia grega, que foi mulher por sete anos antes de recuperar o gênero masculino, sem dúvida estava em uma posição única para informar a Zeus, que, quando se trata de prazeres do sexo a mulher marca nove em dez pontos para um do homem.

Por mais triste que seja para os proprietários de pênis, uma pesquisa de 2009 mostrou que 29% das mulheres declararam que tiram mais proveito da comida do que do sexo.

Ainda assim, as mulheres têm uma sexualidade latente maior do que os homens. Após um único orgasmo, os homens precisam de um tempo; seus pênis amolecem e sua resposta ao sexo fica desligada. Mas as mulheres são capazes de ir de um orgasmo a outro, dando saltos como uma pedra jogada rente à água, até que estejam esgotadas fisicamente, mesmo na antessala da velhice: Kinsey recordou o caso de uma mulher de uns 60 anos, que, com relações e automasturbação, tinha 20 orgasmos em igual número de minutos.

Por décadas, as feministas asseveraram a superioridade da sexualidade da mulher e em particular do clitóris sobre o pênis. Elas garantiram que o pequeno órgão escondido na dobra superior do lábio, com forma de botão de uma flor, não é apenas inesgotável, como é "o único órgão humano exclusivo para o prazer" – carregando até o dobro dos terminais nervosos em relação ao pênis. Freud, elas argumentaram, se não pensasse que "o sol gira em torno do pênis" (Erica Jong), poderia ter teorizado sobre a inveja masculina do clitóris, não o contrário. É a essência do que faz a tribo Aranda, da Austrália Central, destacam as feministas, ao praticar o ritual da subincisão, na qual a parte de baixo do pênis é cortada, às vezes em todo o seu comprimento, e o iniciado então passa a "menstruar", roubando assim o poder da mulher – "pênis partido", em língua aborígene deriva da palavra vagina. Somando insulto a ferimento, as feministas também enfatizaram que o ser humano padrão tem como base uma fêmea – no útero, todo pênis começa como clitóris, depois os hormônios "sexualizam" o cérebro daquele que vai virar homem, e o macho nada mais é do que um defeito de nascença. O pênis seria "apenas um clitóris alongado" que retém as marcas de sua herança feminina: sua epiderme escura, e derme também, e a fina crista ou costura, conhecida como rafe, que vai do escroto até o ânus, seria resíduo da fusão dos lábios vaginais.

As feministas também se deliciaram com as descobertas de Kinsey de que os homens alcançam o auge sexual entre 15 e 17 anos, enquanto as mulheres não têm uma resposta plena até os 30, idade em que os homens começam a declinar.

Enfatizando a imprevisibilidade do pênis e suas limitações, as feministas dos anos 1970 exaltaram as virtudes do vibrador, com o qual, como Masters e Johnson descobriram, as mulheres parecem capazes de atingir 50 orgasmos consecutivos. Um anúncio de página inteira em um jornal inglês dizia: "Ele (o vibrador) não se enturma com os rapazes. Nunca fica muito cansado. E está sempre de prontidão". Nos Estados Unidos, as feministas exclamaram com alegria: "Nenhum pênis gira a 3 mil rotações por minuto, nem está disponível como estimulador externo clitoral". Elas sugeriram que os homens seriam um peso para o prazer sexual feminino com um curioso e memorável slogan: "Uma mulher precisa de um homem como um peixe precisa de uma bicicleta". Um homem pode argumentar que o vibrador, em relação ao pênis, é o equivalente à lua para o sol, semelhante ao olhar, mas sem calor". Entretanto, muitos homens podem reagir como um grupo o fez em uma exposição de pinturas sexuais de Betty Dodson, alegando que era "hostil e competitiva", diante de uma obra que mostrava a mulher usando dispositivos como "um pau artificial viril, e dizendo com ênfase: 'Se fosse minha mulher, ela não precisaria usar essa coisa'" (*Sex for One*).

Quaisquer que sejam as ansiedades subjacentes do possuidor de pênis em relação ao seu tamanho ou aparência, há algo que a supera: a expectativa da performance. E sua capacidade de se autodecepcionar é ainda maior. Eles são como o golfista que se lembra das jogadas que chegaram ao *green* em uma tacada, e se frustram se só conseguem em duas, convencendo-se de que o máximo representa seu jogo normal, preferindo esquecer as tacadas que acertaram o solo. Falando sexualmente, a maioria dos homens acredita que joga no par, e que, como uma personagem de *Lisístrata*, seu "pau é um verdadeiro Hércules convidado para jantar". Ao que a historiadora feminista Rosalind Miles redarguiu: O Falo no País das Maravilhas.

GASTA, GASTA... GASTOU

Durante séculos os homens foram informados de que seu estoque de sêmen era severamente limitado e que ejaculações frequentes não apenas drenavam seu suprimento, mas danificavam seus vasos sanguíneos, que ficavam fracos (na China, tirava a nutrição do cérebro), podendo até encurtar sua vida. No Oriente, os homens praticavam técnicas de ioga, para curtir o intercurso sem a ejaculação – diziam que um adepto indiano era capaz de fumar um cachimbo durante o coito, sem ser perturbado pelo clímax.

Uma disciplina desse tipo não era para ocidentais: eles ejaculavam toda vez que tinham chance – e somente então se preocupavam de que seus "dispêndios" (uma expressão elisabetana) pudessem colocar suas contas no vermelho.

A relação não era a única causa de perdas, claro: havia ejaculações noturnas involuntárias; e masturbação voluntária.

As poluções noturnas preocupavam tanto os homens gregos e romanos que eles dormiam com placas de chumbo de encontro aos seus genitais, "natureza fria contrastante", como lembrou Plínio, o Velho, ajudando-os a evitar a ereção para "paixões venéreas e sonhos libidinosos que causam ejaculações espontâneas". As poluções noturnas preocupavam tanto quem tinha pênis, na Idade Média, que eles se convenciam de que, se ocorresse de um súcubo (demônio feminino) ter relações sexuais com eles durante o sono, era recomendável colocar uma esponja banhada em vinagre entre as coxas, na vez seguinte em que deitasse na cama; um salvo-conduto, acreditavam, ou uma esperança, contra o assédio sexual de demônios à noite. Menos radicais, os médicos vitorianos preveniam os homens de que poluções noturnas poderiam ser evitadas "mantendo os pensamentos puros no sonho".

Gregos e romanos pensavam que a masturbação não era própria do ser humano, mas que isso não tinha importância. (O filósofo grego asceta Diógenes masturbava-se ao ar livre, em vez de ser refém de "um desejo impróprio" e foi louvado por seu argumento. Ele recomendava a masturbação porque estava sempre a mão, e não tinha custo. "Como se fosse possível", ele escreveu, "que cada um pudesse satisfazer a própria fome somente esfregando o estômago").

A maioria das religiões, incluindo hinduísmo, islamismo e taoísmo, sempre foi condescendente com a masturbação. Os hebreus, porém, orientados a crescer e multiplicar, avaliavam a atividade como um crime, que podia merecer a morte. Agora isso não importa mais para o judaísmo. Como Shalon Auslander relata em *Foreskin's Lament*, quando ele era moço um rabino disse-lhe: "Quando eu morrer e for para o céu, serei queimado vivo em um caldeirão gigante com todo o sêmen que eu desperdicei por toda a minha vida". O cristianismo também foi por essa mesma trilha inicial, chegando a ensinar que a masturbação era um pecado mortal mais sério do que o adultério. Alguns teólogos ensinavam que a masturbação era a possessão pelo demônio.

Seria difícil dizer se os padres dos tempos iniciais da Igreja detestavam mais a mulher ou o pênis. As mulheres causaram a queda do paraíso, que fez o homem querer o caminho pecaminoso – sexo sem intenção de procriar. Até então, era esse o ensinamento da Igreja; Adão conhecia o desejo sexual, mas não o desejo sexual e a ereção despertados apenas pela vontade. Para Tertuliano, no século II, a mulher era "o portal do diabo" e "um templo erigido sobre um esgoto".

Mas o pênis foi cúmplice do desejo carnal e a limitação de suas atividades na Idade Média atingiu alturas desvairadas. Relações com a esposa eram proibidas enquanto ela estivesse menstruada, grávida ou amamentando. Também não eram permitidas às sextas (dia da morte de Cristo), sábados (em honra da Virgem Maria); em dias de festa e de jejum, durante a quaresma, antes do Natal e em Pentecostes e na semana da Páscoa – o que cobria a maior parte do ano. Somente uma posição era permitida, com o homem por cima – e os homens e mulheres pios eram instruídos a usar uma camisola de touca, de tecido grosso, com um buraco na área genital, de tal forma que o contato corporal fosse o menor possível. O ato sexual nunca deveria ser praticado à luz do dia ou com algum dos parceiros nu.

A lista de penalidades para transgressões era longa. Poluções noturnas, por exemplo, 7 dias de jejum; masturbação, 20 dias. Sexo com a mulher por cima, pena de jejum parcial por 7 anos. Intercurso "que não fosse no canal adequado" (anal ou oral) tinha a mesma pena de assassinato. O coito interrompido era punido com 2 a 10 anos de penitência, com a alternativa, durante o décimo primeiro ano, de autoflagelação para os monges – que rotineiramente descumpriam os princípios de castidade – ou levando chicotadas do tipo reservado aos leigos, aplicadas pelo pároco.

"Não é exagero", escreveu o especialista G. Rattray Taylor em *Sex in History*, "que a Europa Medieval acabou por parecer um asilo de loucos".

A ênfase no pecado diminuiu com o Iluminismo, mas esse tempo introduziu uma nova neura sexual. Apagando a crença secular de que o sêmen do homem seria finito, a masturbação, que era proclamada como a mais frequente forma de desperdício, passou a ser tratada como uma doença específica que aleijava as pessoas. No período vitoriano, essa doença ganhou o nome de espermatorreia, e era causada por todas as atividades sexuais ilícitas ou em excesso.

A espermatorreia era responsável por danificar o sistema nervoso, levar à impotência e, no estágio final, quando a ejaculação do homem se tornava descontrolada e sem orgasmo, ele ficava louco e morria. A etiologia da espermatorreia era tão obscura que tudo, da tuberculose a um nariz vermelho, era diagnosticado como sintoma dela.

Havia mais causa para preocupação. Os médicos reviveram a antiga teoria hemática – que postulava que o sêmen era extraído do sangue dos testículos – e com boa fé aconselhavam os homens a uma maior frugalidade sexual, apontando para o alto custo dessa produção; dizia-se que uma onça de sêmen era equivalente a perder dois *pints*[4] de sangue. Caso os homens precisassem de mais advertências, alguns médicos asseguravam que o sêmen que retinham era reabsorvido pelo sangue, consequentemente aumentando seu vigor. Outros foram além, afirmando que o sêmen retido era vital para a manutenção das características masculinas secundárias.

---

[4] N. do T.: Uma onça equivale a 28,4 ml e cada pint, a 568 ml.

A frequência com que um homem podia ter relações com ejaculação tornou-se uma questão. Mil anos antes, os chineses davam instruções detalhadas. "Na primavera (ele) pode deixar-se emitir sêmen uma vez a cada três dias, no verão e outono, duas vezes por mês", conforme os *Principles of Nurturing Life*. "Durante o inverno deve conservá-lo e não ejacular nada. A perda da energia *yang* por uma emissão hibernal é 100 vezes maior do que na primavera." *The Secret Instructions Concerning the Jade Chamber* era bem mais liberal. Homens bem constituídos com mais de 15 anos podiam ejacular duas vezes por dia; os mais franzinos, uma vez por dia; os bens constituídos de 30 anos podiam ejacular uma vez por dia, e os mais franzinos, da mesma idade, uma vez a cada dois dias. Mas aos 40, os homens deveriam se limitar a uma vez a cada três dias; aos 60, uma em 20 dias, e aos 70, uma vez por mês – "exceto os franzinos, que não deveriam mais ejacular".

Médicos da era vitoriana eram mais prescritivos. A maioria advogava uma vez por semana como limite seguro; outras vozes advertiam de que mais de uma vez por mês não era seguro, incluindo os estridentes americanos Sylvester Graham e John Harvey Kellogg (ambos culpavam a ingestão de carne por todas as paixões carnais, sendo que cada um tinha alguma comida destinada a diminuir o ardor – Graham tinha um biscoito açucarado marrom, ainda vendido com seu nome, e Kellogg's, os flocos de cereal). Alguns médicos aconselhavam às mulheres que ficassem quietas durante o intercurso, para que os maridos consumissem a menor quantidade de sêmen possível.[1]

Não é possível distinguir o puro charlatanismo das crenças errôneas dos médicos. Abundavam os curandeiros – tratar da burguesia, que se sentia culpada, era muito lucrativo. Uma fraude comum era detectar sêmen na urina de um homem, com o microscópio, a indicar "vazamento", e o início de uma "espermatorreia". Um médico de boa reputação disse que dois terços dos seus pacientes de sexo masculino tinham a doença, ou acreditavam que tinham.

Na suposição de que é melhor prevenir do que remediar, dispositivos foram desenvolvidos para prevenir a masturbação, denunciada como "autopolução", e um mal menor do que a polução noturna. Alguns eram rudimentares: um anel de lata, dentado na parte interna, que escorregava sobre o pênis e causava dores caso houvesse uma ereção à noite (um produto de qualidade, em aço, com ponteiras individuais também estava disponível). Outros eram mais complicados: gaiolas que podiam ser trancadas para evitar o contato do dono com seus genitais, ou limitar a "extensão longitudinal"; cintos galvanizados com placas de zinco e cobre que geravam uma corrente elétrica caso fossem ativados por "secreções do corpo"; condutores de borracha através dos quais ar frio ou água eram bombeados. Uma invenção engenhosa eram cintas que ativavam um fonógrafo na ereção, para acordar o usuário com música e salvá-lo de si próprio; se o homem fosse um adolescente, o aparelho poderia fazer soar um alarme no quarto dos pais.

Poucos homens foram longe a ponto de ter seus prepúcios presos com linhas de seda esticadas, em conjunto, ao se recolher para dormir.

Havia uma variedade de procedimentos para lidar com a espermatorreia ou a masturbação. Médicos embebiam potássio e hidrato de cloral nos pênis dos homens "para aplacar o apetite venéreo"; aplicavam unguentos com veneno no períneo, e ventosas para tirar sangue; pomada com veneno nos genitais e injeção de água morna no reto; inserção de "ovos" de metal, borracha ou porcelana para massagear a próstata e torná-la saudável. A circuncisão era popularmente prescrita, para a satisfação dos moralistas de ambos os lados do Atlântico, incluindo John Harvey Kellogg. Aliás, ele era tão entusiasta do tratamento a ponto de advogar que a realização do procedimento fosse feita sem anestesia, "com a breve dor da operação tendo um efeito salutar sobre a mente".

Até o século XIX, a cultura Ocidental não tinha tradição em circuncisão. Tornou-se moda entre a aristocracia da Europa continental, após Luiz XVI, rei da França, ter sido operado de fimose (um prepúcio muito apertado que torna a ereção agonizante, ou mesmo impossível), o que impediu que ele tivesse relações com Maria Antonieta por sete anos. A rainha Vitória decidiu circuncidar seus filhos, tornando-a de *rigueur* nas classes altas da Inglaterra.

O que fez a circuncisão ser comum nas crescentes classes médias do século XIX, dos dois lados do Atlântico, foi a histeria a respeito da masturbação; remover o prepúcio ajudava em sua prevenção, declararam os doutores, e também curava quem molhava lençóis e outras condições negativas. Com o eclosão da Primeira Guerra Mundial, essas vantagens deixaram de ser citadas, e medicina passou a apregoar a circuncisão como sendo "higiênica" – os pais não eram apenas encorajados a operar os pênis de seus recém-nascidos, como a aproveitar dos benefícios eles mesmos.[J]

No auge do pânico sobre a espermatorreia, muitos dos males da sociedade foram atribuídos à degeneração moral existente. Movimentos antimasturbação foram organizados e as famílias eram estimuladas a expor adultos que habitualmente cediam ao "ato da vergonha". Um menino que houvesse cedido à prática, segundo o que se informava, "pode ser identificado por seu olhar evasivo e pelo jeito com que puxa seu boné para baixo, como se para esconder seus olhos".

Ao final do século XIX, a espermatorreia tinha perdido seu apoio entre os médicos e na imaginação popular. Mas a obsessão pela masturbação teria um longo ocaso: homens ainda vivos lembram-se de quando os professores marcavam os bolsos das calças de quem era apanhado com as mãos nos bolsos, advertindo seriamente de que a masturbação resultava em pelos na palma da mão ou mesmo em cegueira. Na década de 1930 (quando ainda se patenteavam dispositivos antimasturbatórios), alguns museus de anatomia pouco importantes, que haviam proliferado nos tempos vitorianos, ainda estavam abertos. Dentre as exposições duvidosas e efígies de cera mostrando as Doenças Secretas dos Homens, uma sala permanecia às escuras – até que alguém se colocava na entrada e uma súbita luz elétrica mostrava a face lasciva de um idiota e o cartaz: MASCULINIDADE PERDIDA.

CAPÍTULO 3

CORTES DE ENERGIA

Nenhum homem pode dizer que nunca houve um momento em que seu pênis não tenha desobedecido ao comando de ficar duro e desempenhar. Para alguém normalmente com "bom funcionamento", essa falha temporária de transmissão não tem consequências duradouras. Mas, para outros homens, o desejo supera, de forma constante, suas capacidades. Tais homens são impotentes, literalmente sem energia. Quando Henrique VIII pretendia descartar Anna Bolena como sua esposa, e de forma espúria fez com que ela fosse julgada por traição e adultério, ela o ridicularizou por "não ter potência" (e, em boa medida, por não ser competente em copular com uma mulher") – um insulto para a outra cabeça real, que nada fez para garantir que ela continuasse a carregar a própria cabeça no pescoço.

A impotência é gradativa. Uma ereção pode bombear o suficiente para a penetração, mas, sem maiores explicações, perde interesse no ato, deixando a receptora, como uma mulher descreveu, "tentando manter-se na superfície, em um bote salva-vidas que se esvazia aos poucos". Uma ereção pode intumescer tão fracamente a ponto de não conseguir penetração, "batendo na porta", como Fanny Hill conta de um cliente, "com tão pouca condição de entrar que me pergunto se ele tinha força para penetrar, mesmo comigo toda aberta". Para outros homens, a simples lembrança de como é uma ereção chega a ser uma lembrança distante, "sua vida sexual esquecida há muito tempo/ Ou, se tentam, não há esperança, embora possam trabalhar a noite inteira com esse objeto meio manco e enrugado, que assim permanecerá" (Juvenal).

Uma falha dessas nada tem a ver com outra forma de disfunção erétil: quando o dono do pênis não tem problema de manter a ereção e completar o serviço, mas entrega a mercadoria muito rápido – até mesmo antes de conseguir a penetração, em muitos casos. As definições médicas de ejaculação precoce variam: em menos de um minuto e meio de penetração, em uma delas; em dez segundos, em outra; em seis movimentos, numa terceira. Em seu best-seller *The Case of Impotency As Debated In England* (1700), Edmund Curli fez graça dessa condição, escrevendo:

> *Há muitos homens cujos pênis levantam rápido, e mais que isso, erguem-se da maneira mais orgulhosa e exibida; mas sua Fúria é logo consumida, como Fogo de Palha, e no Momento em que chega à Entrada de sua Amante falha de forma vil ao cruzar o Portal, dando pena de ver como vomita sua Alma rala.*

Discute-se de forma pouco convincente que não existe algo como ejaculação precoce, e que os homens que chegam rápido ao clímax estão apenas fazendo como seus ancestrais. O argumento é que nossos ancestrais já tiveram as características sexuais de outros primatas, como os chimpanzés – cujas cópulas foram cronometradas como de 4 a 7 segundos. Ejaculação "normal", de acordo com essa teoria, deveria ser redefinida como "ejaculação lenta".

Seja como for, de acordo com a literatura, talvez um quarto dos homens tenha ejaculação precoce. Desses, os números estimados dos que sofrem de impotência são ainda mais surpreendentes: metade dos que já passaram dos 40 têm algum grau de impotência, com 5 em 100 sendo totalmente privados de suas funções, número que cresce para 20 em 100 para quem tem mais de 50 anos, e segue aumentando – ereções, como os dentes, não foram projetadas para durar até a velhice. Estima-se que 150 milhões de homens no Ocidente não consigam ter ou manter uma ereção, 10 milhões dos quais são americanos e 2 milhões, ingleses.

Os agentes da disfunção erétil são complexos: psicológicos, emocionais e físicos – e, no caso da ejaculação precoce, um intempestivo gatilho neurológico. Hipócrates culpou sua impotência por ter uma mulher feia. Alguns dos que acreditam na teoria de "gastar o sêmen" (ainda corrente no século passado, com Ernest Hemingway entre seus adeptos) culpavam as mulheres por esgotar as baterias dos homens; de forma contraditória, muitos impotentes ao longo da história culparam a falta de entusiasmo sexual da parceira, e fazem isso até hoje. Até pelo menos o século XVII, os homens pensavam que a feitiçaria fosse a causa principal da impotência – se o sangue de um homem estivesse em fogo e seu pênis não, o que mais poderia ser?[K] De fato, as mulheres do século XVII culpavam os bordéis, num libelo contra a ordem estabelecida, com um insulto: "Eles vêm (de lá) com nada úmido, a não ser seus narizes melequentos, nada duro, a não ser suas juntas, nada de pé, a não ser suas orelhas".[L]

Na Europa cristã, a impotência deu margem aos divórcios, da Idade Média até o século XVII (segue assim na Lei Islâmica), sendo esta a única alegação possível aceita nas cortes eclesiásticas. Um homem podia ter seus genitais submergidos em água gelada para que as veias de seu escroto pudessem ser examinadas em busca de constrições; podia receber ordem de ficar com a mulher em uma cama cercada de cortinas por cerca de uma hora, depois da qual os lençóis eram examinados para se descobrir sinais de ejaculação; ou podia enfrentar um julgamento de um grupo de "matronas honestas". Tal julgamento aconteceu em York, em 1433, quando Alice Scathloe requereu divórcio de seu marido John. Na parte superior de uma casa da cidade, uma fogueira foi acesa, e comida e bebida foram levadas, e as mulheres tiraram quase toda a roupa, beijaram a face e o pescoço de John, dançaram em torno dele, expuseram suas partes pudendas e deixaram que ele apalpasse seus seios. Como último recurso, "esquentaram as mãos no fogo, acariciaram os testículos e massagearam seu membro" – sem resultado. A corte decidiu a favor de Alice.

Com o tempo, a impotência como razão para o divórcio saiu das mãos eclesiásticas e tornou-se uma lei cível; alguns casos eram às vezes testemunhados por até 15 clérigos, médicos, parteiras e magistrados.

Havia pouca compreensão para com os maridos considerados impotentes, sem consideração para o fato de que os que contestavam a acusação ficavam expostos à pressão de ter de mostrar que não era o caso em público. A banca examinadora das matronas, no julgamento de John Scathloe, xingou e cuspiu nele; um marido não identificado, que ficou frente a uma corte civil em Rheims, no século XVIII – onde os acusados ficavam atrás de uma tela para produzir uma evidência ejaculatória, enquanto as testemunhas aguardavam ao redor do fogo – foi ridicularizado, como mostra um registro dos procedimentos:

> *Muitas vezes ele berrou: "Agora vem, vem agora!", mas era sempre alarme falso. A esposa ria e dizia: "Não se apressem, conheço-o bem". Os especialistas convocados disseram que nunca viram alguém rir tanto, nem dormir tão pouco como ela nessa noite.*

Em tempos relativamente recentes, a sabedoria popular dizia que a impotência era um problema inteiramente psicológico. O entendimento atual é o de que três quartos dos casos, descontados os atribuídos à natural deterioração da velhice, são devidos a condições médicas – doenças cardiovasculares, pressão alta, diabetes – todos quase sempre não diagnosticados. A obesidade é outra causa comum. Há uma longa lista de medicamentos prescritos (incluindo antidepressivos, diuréticos e contra hipertensão) que causam impotência em muitos homens. Como beber e fumar também causam, em muitos, muitos mais.

O pênis não tem cabeça para a bebida, como observa o porteiro sábio, em Macbeth, "provoca o desejo, mas acaba com a performance". Além disso, o álcool pode levar não apenas à impotência, mas a uma atrofia testicular e a um encolhimento do pênis. Isso também acontece com quem fuma demais, porque a prática tira a elasticidade do pênis (a substância elastina) necessária para a ereção. A tentativa de ereção dos alcoólatras e daqueles que fumam demais parece com uma bola de gás depois da festa de Natal. Os obesos podem sofrer de encolhimento dos testículos, causado pela gordura convertida em hormônio feminino, estrógeno. Um em cinco casos de impotência se deve às artérias penianas, tão finas como um dente de garfo, entupidas de colesterol.

Assim, atividades vistas como salutares não deixam de representar perigo. Os urologistas dizem que pancadas aparentemente inocentes que os jovens sofrem quando fazem exercício podem ser responsáveis por uma porcentagem de impotência – 600 mil homens nos EUA, estima-se, são impotentes devido à sua participação em esportes de contato físico. Os solavancos constantes do hipismo são um fator na vida de alguns homens (Hipócrates notou que muitos dos cítios, que passavam virtualmente a vida toda sobre uma sela de cavalo, eram impotentes, embora se acreditasse que o motivo fosse o costume de vestir calças de montaria) – e o ciclismo comparece na vida de muitos, muitos outros. Sentar normalmente não concentra o peso no períneo, área entre o escroto e o ânus, mas o ciclismo esportivo pode, sim, prejudicar. O *Journal of Sexual Medicine* reportou, em 2005, que há uma compressão da artéria que supre o pênis de sangue e de um nervo necessário à sensação. Isso pode resultar em uma disfunção erétil moderada ou total, com os ciclistas contumazes sendo os mais prejudicados. Adicionalmente, testes de ultrassom mostraram que até a metade dos que pedalam regularmente duas horas por dia podem desenvolver depósitos de cálcio duros como pedras no escroto.

O que causa impotência também pode causar infertilidade – por exemplo, os canais de sêmen de 1 em cada 6 homens inférteis foram danificados com a prática de esportes. Para quem fuma e bebe demais, o número de espermatozoides desaba, e podem aparecer anormalidades como redução de mobilidade e perda do senso de direção. Isto posto, um quarto dos casos de impotência têm raízes psicológicas: stress, depressão, culpa, preocupação a respeito de não ter uma performance satisfatória – esta última prevalece entre os inexperientes. Um médico pode estabelecer se o problema é ou não psicológico ao se referir a um fato curioso da fisiologia masculina: de três a quatro vezes por noite, durante o sono de movimento rápido dos olhos (REM), o pênis fica ereto, e assim continua por 15 minutos a uma hora. A razão disso ainda não foi bem entendida; talvez ocorra para oxigenar uma parte do corpo mal oxigenada, ou, na linguagem digital, "checar o disco rígido".

Um homem não tem controle consciente desse funcionamento – e se o problema estiver em sua mente, em vez de qualquer outro lugar, seu pênis vai se levantar normalmente. Nos anos 1970, se avaliar o estado das coisas era um problema. Ser impotente no começo na meia idade e recusar-se a acreditar que tivesse algo a ver com o excesso de bebida, ou mesmo de que o caso fosse mesmo de impotência, fez o romancista Kingsley Amis levar sua vacilante libido a um psicólogo, que lhe forneceu uma engenhoca (chamada em seu romance *Jakes's Thing* de um "medidor noturno") à qual ele se prendeu à noite inutilmente, na esperança de que fosse registrar a atividade peniana. Um médico, nos dias de hoje, decerto mandaria o homem para casa, com um pequeno medidor de rigidez de pênis, que consiste de três cordões de resistência progressiva, que se rompem quando diferentes forças eréteis acionam cada um deles, se existir alguma força.

Tão humilhante é a disfunção erétil que, antes do advento do Viagra, em 1998, quando os tratamentos eram longos, vagos ou invasivos, nove a cada dez dos que sofriam disso não consultavam o médico. Ejaculadores precoces, que talvez pudessem ser tratados com técnicas de "pensamentos positivos", aconselhamentos ou medicação, preferiram viver com suas limitações ("Ele saiu fora/rubro de vergonha/ tão cedo, que logo acabou tudo" – "Bispo Percy's Loose Songs", 1650); assim como os que sofriam de impotência, irritados com a traiçoeira inabilidade do seu "melhor amigo", de conseguir um tamanho satisfatório. O Conde de Rochester, bastante dado à fornicação com prostitutas, descarregou a raiva em *The Imperfect Enjoyment*, após uma rara experiência de impotência e ejaculação precoce (o "trovão aqui de baixo" virando "um dardo do amor em conta-gotas") com uma mulher que amava:

Base recreativa o príncipe possui, embora não ereta.
Minha pior parte, e daqui para a frente a mais odiada
Toda a cidade é um lugar comum para foder,
Em quem cada puta alivia sua xoxota arrepiada
Enquanto porcos nas cercas se esfregam e guincham,
Possa nós de faminto cancro ser presa,
Ou ao consumir lágrimas perdulárias;
Possa advir pedra nos rins, sem poder mijar nestes dias;
Possais vós nunca mais mijar, que recusastes comparecer
Quando todas as minhas alegrias foram de vós falsas
dependências.

BUSCANDO SOLUÇÕES DESESPERADAMENTE

Ernest Hemingway tinha só 38 anos quando sua impotência começou a se instalar. Isso o levou a atacar fisicamente um colega escritor, Max Eastman, a quem culpou, sem razão, de estar espalhando histórias e "fazendo o jogo da gangue que está dizendo isso". Até morrer, Hemingway desmentia sua condição. Em seu livro publicado postumamente de memórias ficcionais, *True at First Light*, ele escreveu a respeito do

> *velho, bem-amado, que já foi chamuscado, três vezes recarregado, velha Winchester modelo 12 – arma repetidora mais rápida do que uma cobra, sendo que, nos 35 anos em que estivemos juntos, quase tão próximos como de um amigo e companheiro, com segredos repartidos, triunfos e desastres não revelados, assim como o outro amigo que um homem tem em toda a sua vida.*

Triste para Hemingway, cujas tentativas de recuperação incluíam doses de testosterona sintetizada, mas nada recarregava seu pênis-rifle; ao final da vida, a única coisa em matéria de extensão em que ele podia confiar era a metáfora.

Não há nada mais desesperador para aqueles que ainda sentem o que Eric Gill chamou de o "borbulhar da intumescência", mas nada têm com que responder ao chamado, não importa como tentem, "pois os paus vão atacar, embora suas esporas já tenham sumido" (Conde de Rochester). Eis porque, ao longo dos tempos, os homens desejaram ter meios de voltar a enrijecer. Governantes, déspotas e diversos papas descobriram que trazer uma mulher jovem para sua cama pode fazer milagres – embora não para o ancião rei David, quando estava "entrado em anos, e não tinha mais fogo". Seus servos providenciaram a legítima virgem Abishag, mas mesmo com toda a intensidade da entrega, "o rei não a conheceu".

Sem acesso a legítimas virgens, a maioria dos donos de pênis que não funcionam voltaram-se para supostos afrodisíacos, a fim de conseguir "aquele calor." Comer os genitais de animais, na aparente associação lógica de que o igual pode socorrer outro igual, é uma prática tão antiga quanto a história, em todas as culturas. O que ficou conhecido como o "princípio da semelhança" – a afirmação de que alguma coisa semelhante a outra poderia ser um benefício para essa outra coisa –, em termos genitais incluía tipos de peixe, pelo menos alguns com formato de pênis, todos eles escorregadios e recendendo a cheiro de sexo, com enguias (naturalmente) e ostras (o mais conhecido afrodisíaco vulvar) a encabeçar a lista.

Frutas, vegetais e raízes com alguma similaridade com o genital masculino também tinham seus defensores: aspargos penianos, salsão e cenoura, alcachofras testiculares, trufas, feijão, favas, tomates (a maçã do amor, do século XVI), bulbos de orquídeas (já chamados de *dogstones*) e damasco – "um aquece pica", popular jogo de palavras da Renascença. Alho, cebola, temperos, pimenta preta e chili também eram procurados, porque aceleravam o pulso e induziam ao suor (como o sexo) – cebolas e nozes eram duplamente efetivas, assim se acreditava, por serem testiculares e quentes.

As raízes de ginseng e mandrágora, esta última conhecida desde os tempos bíblicos e na Idade Média como capaz de crescer apenas onde a semente de um homem enforcado caíra na terra (uma lenda que elevava os preços), eram muito apreciadas, assim como figos (outro dos poucos afrodisíacos com aparência vulvar, quando cortados) e cogumelos, considerados o símbolo do intercurso, com a haste entrando na coroa como um pênis numa vagina.

O Oriente ainda tem fé em estimulantes sexuais naturais. Os outrora abundantes cavalos-marinhos da Ásia estão em declínio vertiginoso em razão de os chineses acreditarem em sua eficácia sexual (não só por serem peixe, mas por sua persuasiva posição de ereção ao nadar de pé), tanto que usam milhões deles como uma polpa, para fazer um caldo afrodisíaco. Na Indonésia, a naja está se tornando cada vez mais escassa, porque misturas que utilizam seu pênis são mais populares do que Viagra. E a convicção que a China tem de que pênis de foca, pênis de tigre e pênis de rinoceronte podem salvar uma ereção vacilante contribuiu para levar essas espécies ao limiar da extinção. O rinoceronte é caçado não apenas por seus genitais, mas por seu chifre – "o princípio da semelhança" em em sua lógica mais ilógica – como foi em certa época o narval do Ocidente, por seu chifre, frequentemente vendido como unicórnio (outra lenda criada para aumentar os preços).

A história está cheia de medidas mais desesperadas. Os homens engoliram tudo que se possa imaginar – alabastro, pérolas, metais e até ouro – como compostos endurecedores.

Mulheres assírias esfregavam o pênis do homem com um óleo que continha resíduos de ferro; alguns homens romanos, a conselho de Plínio, o Velho, comiam excrementos; os elisabetanos e seus irmãos franceses tentaram urinar através da aliança de casamento das respectivas mulheres ou pelo buraco da fechadura da igreja em que se casaram. No início do século XX, centenas de homens (incluindo Freud e o poeta/dramaturgo William Butler Yeats) se submeteram a vasectomias, aconselhados por um eminente fisiologista austríaco, convicto de que isso iria "reativá-los" (e curar suas calvíces). A esperança é a última que morre, eis porque alguns homens impotentes de tribos primitivas do Amazonas ainda pedem aos seus colegas para soprarem em seus pênis, como se faz com o carvão em brasa de uma fogueira.

A partir do século XVIII, a medicina Ocidental chegou à conclusão de que, para revigorar um homem com o pênis abaixo do desempenho desejado, seria bom tomar ar fresco e fazer exercícios, ingerindo tônicos, comendo carne, tomando banho frio e se esfregando com escovas ásperas. Os pênis passaram a ser higienizados como uma chaminé entupida ou como instrumentos cirúrgicos. Produtos químicos corrosivos eram depositados na próstata, no final da uretra.

A "eletro-terapia" era pesadamente anunciada em jornais e popularmente prescrita. No início do século XX, era moda para gente bem de vida, mas com problemas eréteis, usar um cinto com baterias que passavam corrente elétrica para seus genitais, o que serviria para "melhorar o vigor da atividade sexual por meio de massagem". A primeira bomba de sucção e vácuo ficou disponível para forçar o sangue para o tecido erétil, ali conservado por um anel constritor.

Com a importância crescente dos cirurgiões no século XIX, a ideia de que os genitais de animais poderiam ser a chave para a impotência voltou, mas sofreu uma reviravolta. O mais destacado dos fisiologistas europeus, Charles-Édouard Brown-Séquard, injetou nele próprio um composto de testículos de cachorro e porquinho-da-Índia, causando sensação ao anunciar que, ao fazer isso, possibilitou-se a "visitar" sua jovem mulher todo dia, sem falhar. Quando o século virou, outros, sérios e charlatães, voltaram-se todos para o xenotransplante – nos Estados Unidos, John Brinkley usou testículos de bodes de Toggenburg; na França, o russo Serge Voronoff usou enxertos de chimpanzés e babuínos. De fato, Voronoff tinha começado pelo transplante de testículos humanos – em milionários – mas a demanda excedeu seu estoque limitado de prisioneiros executados e ele precisou buscar outra fonte[M].

Milhares de homens em todo o mundo, nos anos 1920, submeteram-se ao bisturi para receber os supostos benefícios do que era conhecido como "glandes de macacos"; e nos anos 1930, havia triunfo no ar. Essas glandes eram consideradas um sucesso, tanto para aqueles que faziam os procedimentos como para quem os recebia. De maneira triste, todo o procedimento acabou por se mostrar um exemplo em massa do efeito placebo – e logo após um espantoso pronunciamento, Brown-Séquard sucumbiu a uma hemorragia cerebral (tendo sua mulher fugido com um homem mais moço), e o xenotransplante morreu de uma vez.

Ao longo da história, os homens auxiliaram suas ereções parciais com uma série de suportes externos. Nos anos 1950, técnicas cirúrgicas foram desenvolvidas para colocar suportes dentro do pênis. Ossos e cartilagens não deram certo, mas 20 anos de silicone sim: um par de hastes maleáveis podia ser implantado nos corpos esponjosos do pênis – com o inconveniente de que o órgão ficava duro de forma permanente, necessitando ser curvado para o homem se vestir, erguido para o sexo, sem que o dono se livrasse de sua onipresença. Modelos infláveis com algumas partes mecânicas superaram o problema, porém mais homens optaram por uma alternativa mais complexa: um implante com reservatório de fluido localizado na barriga, preso a uma bomba inserida na virilha, ou no escroto, como um terceiro testículo.[N]

Foi nos anos 1980 que surgiu um tratamento não invasivo de confiança para a impotência – por acidente. O cirurgião francês Ronald Virag injetou, sem perceber, papaverina (um alcaloide de ópio para tratar espasmos de vísceras, coração e cérebro) em uma artéria ligada ao pênis de um paciente anestesiado, em vez da artéria pretendida, e tomou um susto quando o pênis dele ficou em posição de sentido. Virag foi ofuscado pelo urologista britânico Giles Brindley, que investigava intencionalmente a dilatação da artéria peniana como tratamento para impotência. Mas ele foi além de reportar o caso em uma convenção de colegas urologistas em Las Vegas, mostrando ele próprio o sucesso alcançado com o beta bloqueador fenoxibenzamina (tratamento para hipertensão), exibiu-se para os outros. Tendo se autoinjetado antes de subir ao pódio, foi andar no meio da audiência, ereção na mão, para provar que não havia implante envolvido. Logo, outros estavam promovendo compostos dilatórios autoinjetáveis (sim, uma picada para uma pica maior). Então veio o Viagra (que nada tinha a ver com o quase anagramático Ronald Virag), que, como a papaverina e a fenoxibenzamina, relaxa as células dos músculos-lisos dos vasos sanguíneos – mas com a enorme vantagem de poder ser engolido. Viagra, o primeiro tratamento aprovado por via oral para disfunção erétil, palavra originada de "viril" junto à hiperbólica "Niágara", tornou-se a droga de mais rápida venda na história (entre os primeiros clientes estavam homens que tinham um trabalho pesado na indústria pornográfica, já que o remédio possibilitava "manter a prancha" sem o auxílio de uma "fluffer"[5], jovens mulheres cujo trabalho incluía chupar os artistas até deixá-los no ponto, logo antes de o diretor gritar "Ação"). Tudo indicava que os homens impotentes poderiam finalmente manter, com certeza, suas cabeças erguidas, sem dor, inconveniente ou tratamento prolongado.

---

[5] N. do T.: Em inglês, *to fluff* é afofar e também limpar, manter em ordem.

CAPÍTULO 4

UM PREÇO A PAGAR

Um homem pode ficar abalado quando não atinge uma ereção – e aterrorizado quando não consegue se livrar de uma.

Uma ereção prolongada e agonizante – priapismo – acontece quando o sangue dos corpos esponjosos do pênis, que incham durante o crescimento, não volta à circulação, como normalmente acontece após o orgasmo. Quatro a seis horas mais tarde o sangue bloqueado no pênis fica com a consistência de óleo grosso – e se um médico não der um jeito na situação ao enfiar uma agulha para deixar o sangue sair, haverá danos para os vasos sanguíneos e nervos que podem tornar uma nova ereção impossível. Caso não seja tratado em 24 horas, pode ocorrer gangrena e até mesmo amputação.

O priapismo pode ser um efeito colateral de certas condições médicas ou do uso de drogas recreativas. Mas quase qualquer tratamento efetivo contra a impotência pode causar essa situação embaraçosa, incluindo forçar demais o pênis ou deixar o anel restritivo de circulação de sangue preso por muito tempo, sendo que ambos os casos podem resultar em dano permanente. E o priapismo pode não ser o único ou o pior resultado da tentativa de encorajar, reforçar ou prolongar a ereção.

A maioria dos afrodisíacos é ineficiente e não causa danos, mas alguns são perigosos. Boa parte deles atua por irritação da membrana mucosa do trato urinário e genital, para garantir o fluxo de sangue necessário; muito poucos são psicotrópicos, o que quer dizer que atuam na mente para induzir o desejo sexual – *yohimbine*, feito da casca de uma árvore de uma tribo da África Ocidental, é o mais conhecido. E todos são poderosos venenos, incluindo algumas plantas que parecem inocentes como o botão-de-ouro (membro da família dos ranúnculos), mirta e meimendro, assim como a mandrágora, veneno de sapo e cantárida.

A reprodução das respostas sexuais naturais vem com diversos efeitos colaterais (no caso da *yohimbine*, ataques de pânico e alucinações), mas às vezes com um preço maior a pagar, ao incluir sangramento gastrointestinal, mau funcionamento renal, danos para o pulmão ou o coração – e até a morte. Tão letais são alguns afrodisíacos que se tornaram ilegais na maior parte do mundo, mas esses produtos, ou seus componentes, são contrabandeados com frequência, e, assim como tudo o mais, podem ser encontrados na internet. O mais mortal de todos, produzido a partir dos testículos de baiacu, não é ilegal na China e na Coreia, mas seu uso é restrito a esses dois países. Uma glândula desse peixe contém tetradotoxina, que é 100 vezes mais mortal do que cianureto – e uma leve presença dessa substância que permanecer depois de sua remoção, leva à morte certa. Algo como 300 homens são vitimados a cada ano.

Não é provável que alguém tenha perdido sua vida em virtude de um transplante peniano, embora haja histórias improváveis e sensacionalistas que aparecem com regularidade na internet, de dispositivos infláveis sendo ativados em público por celulares e bips, ou explodirem, causando hemorragias, ou mesmo a morte. A verdade é que quase três quartos daqueles que usaram um dispositivo fixo ficaram insatisfeitos com o resultado – para eles, o sexo bio-hidráulico não é como a coisa real. No início, os modelos infláveis podiam ter mal funcionamento, vazamento ou quebrar; e na terminologia de diversas ações judiciais, alegava-se que componentes dos aparelhos "migravam". Implantes tornaram-se mais confiáveis (embora ainda possam causar infecções); o Viagra, porém, eliminou a necessidade de muitos deles, restando os que ficaram impotentes devido à cirurgia de câncer de próstata, que a química não tem como resolver.

Ainda assim, Viagra e seus concorrentes similares ainda não provaram ser o Santo Graal para todos os homens em busca de uma ereção viável (para começar, não funciona para dois homens em dez). Esses comprimidos só deveriam ser usados com prescrição médica – e não por quem é tratado de hipertensão, colesterol alto, problemas no fígado ou rim, diabetes ou obesidade. Quem corre mais riscos são aqueles com doenças coronárias que utilizam remédios contendo nitratos: os remédios em busca de potência sexual liberam óxido nítrico no pênis e a interação de compostos relacionados pode causar uma queda catastrófica na pressão arterial. É comum aos homens que não têm condições médicas adequadas experimentar vários graus de tontura, congestão nasal, náusea ou, mais desagradável, um distúrbio visual temporário. Para quem tem condições de usar, o preço a pagar pode ser uma súbita perda de audição, cegueira, dificuldade respiratória, derrame, ataque cardíaco. Ou morte. Não há estatísticas definitivas, mas nos 12 anos em que o Viagra está no mercado, centenas dos 25 milhões de homens em todo o mundo que tomaram pílulas para a potência ficaram pelo caminho.

São homens que driblam seus médicos e obtêm seus suprimentos em outro lugar – quase sempre a internet, de novo. Alguns dos que desconhecem que têm um problema médico potencial não sabem o risco que correm. A maioria, porém, conhece seu estado de saúde, mas não deseja revelar seu problema para obter uma receita ou apenas pensam, "não estou nem aí" – tamanha é a força motora que impulsiona o sexo.[O]

Se na idade madura ou na velhice a força ainda está com eles, mesmo os homens com aparente boa saúde correm o risco de um ataque cardíaco ou derrame no ato de cometer o adultério: a excitação e a necessidade de desempenhar (às vezes, também, a tensão da infidelidade) podem levar a uma ruptura fatal de um aneurisma. Isso ocorreu ao longo da história com personagens eminentes e também anônimos. O primeiro-ministro inglês Lord Palmerston morreu (em 1865, com 81 anos) enquanto fazia sexo com uma empregada, em uma mesa de bilhar; o presidente francês Félix Fure morreu (em 1899, com 58 anos) em um prostíbulo, fazendo sexo com sua secretária; o vice-presidente Nelson Rockefeller morreu (em 1979, com 70 anos) durante o sexo com uma amante em seu apartamento. O pessoal do *staff* dos hotéis japoneses ditos "do amor" não fica surpreso quando entra em algum dos apartamentos e encontra um dos ocupantes desaparecido, e o outro morto ou deixando o hotel de forma não prevista, ao apagar da vela, como se diz no Japão, sendo que as garotas mais novas não são escolhidas para fazer sexo pelos clientes mais jovens, e sim pelos mais velhos. Os franceses falam de forma romântica da morte coital, como *la mort d'amour*. O mundo descreveu-a, de forma coloquial, durante séculos, como a morte na sela.

NOTAS DO AUTOR

[A] Uma turba florentina poderia ter emasculado o Davi de Michelangelo, se tivesse tido a chance.

Em 1504, 30 anos após o trabalho ficar pronto, uma turba hostil ao "novo paganismo" da Renascença apedrejou a estátua, que precisou ser guardada por cinco meses, até que uma recatada cinta com 28 folhas de cobre foi colocada, ficando no lugar até 1545.

Em 1857, um molde de gesso do Davi, de 5,40 m foi dado de presente à rainha Vitória, que em seguida doou-o ao museu South Kensington, agora Museu Vitória e Albert.

O museu, tendo ouvido dizer que ela tinha ficado chocada com a "insistente nudez" de David, tomou a decisão de ficar com uma folha de figueira feita de pedra de sobreaviso, em caso de alguma visita real.

Essa prudência pode parecer como pertencente a outra era. Mas, ainda em 1986, o museu V&A mantinha o tapa-sexo de prontidão, em antecipação a uma visita de Diana, princesa de Gales.

[B] Judeus, nas culturas helênicas dadas à nudez pública nos banhos e ginásios, eram muitas vezes perseguidos por serem circuncidados, o que levou muitos, em particular durante o reino do imperador romano Adriano, a prender uma tira elástica chamada de *Pondus Judaeus*, para elevar sua presença social e econômica.

Os não circuncidados discriminavam, de tempos em tempos, os circuncidados – e vice-versa. No antigo mundo muçulmano, africanos eram circuncidados, em vez de castrados, quando vendidos como escravos, e aqueles que tentavam esticar o que restara do prepúcio eram às vezes condenados à morte. Ainda hoje, erupções de violência surgem na África do Sul entre os circuncidados Xhosa e os não circuncidados Zulus, e no Quênia, entre os circuncidados Kikuyu e os não circuncidados Luo. Após uma disputada eleição em 2008, gangues itinerantes de Kikuyu cortavam o prepúcio de qualquer Luo que fosse apreendido.

Durante a era nazista, muitos judeus passaram por cirurgias de "descircuncidação".

Cirurgias de enxertos de pele já foram opção, mas agora são raras, devido à diferente coloração e textura do enxerto em relação à pele do pênis existente. Mas a restauração do prepúcio utilizando pesos para esticá-lo ainda é popular entre judeus e não judeus.

A restauração pode levar muitos anos dependendo de quanta pele sobrou após a circuncisão.

[C] O primeiro transplante de pênis foi realizado em um hospital militar chinês em 2005, em um homem de 45 anos, cujo próprio órgão tinha sido reduzido a um toco de um centímetro em acidente. O doador foi um jovem de 23 anos, que havia acabado de ter morte cerebral. Em uma operação de 15 horas os cirurgiões ligaram artérias, veias, nervos e o *corpora spongiosum*, o invólucro ao redor do duto peniano da uretra. O pênis recuperou boa parte de suas funções.

D Queria Shylock castrar Antonio em *The Merchant of Venice*? É uma interpretação que alguns estudiosos fizeram sobre os termos do Judeu para emprestar dinheiro a Bassanio, de que se Antonio não honrasse o compromisso ele seguramente perderia, como punição, um "peso equivalente ao de sua própria carne cortada e retirada da parte do corpo que mais me agradar".

Em uma cena posterior à do julgamento, nas palavras de Portia, os termos mudaram para o peso de "uma libra de carne a ser cortada por ele mesmo, o mais próximo do coração do mercador!" Mas a interpretação da estipulação inicial de Shylock pode ser discutida. Os escritores elisabetanos, incluindo Shakespeare, muitas vezes usaram "carne" por pênis, e um pênis, de acordo com aqueles que defendiam a leitura, pesaria cerca de 450 gramas, o que parece uma estimativa muito generosa, embora eles sempre adicionem o "mais ou menos".

E Os Hijras do Sul da Ásia são homens castrados que se vestem como mulheres e veem a si próprios como um terceiro sexo, nem homem, nem mulher. Alguns são transsexuais, outros se tornaram Hijras só como um modo de sobreviver, vivem em comunidades, à margem da sociedade, recrutam meninos rejeitados pela família ou que tenham fugido de casa. Os Hijras pedem dinheiro nas ruas, cantam e dançam em casamentos e oferecem serviços sexuais.

F A cirurgia para transformar um homem em mulher tornou-se relativamente objetiva. O saco escrotal é aberto e os testículos, retirados. O pênis é então aberto, as partes internas são retiradas e então separadas, enquanto o invólucro externo é virado do avesso e forçado para dentro da cavidade aberta, para formar a vagina. O escroto é então convertido em lábio e a parte do tecido erétil que o pênis contém é usada para criar o clitóris. O procedimento pode ser bem feito a ponto de não ser notado por um olho treinado.

A cirurgia para passar de mulher para homem é mais cara e não tão bem-sucedida – não há disponibilidade de um pênis totalmente operável. O escroto é formado pelo lábio vaginal da paciente e testículos sintéticos são inseridos. O clitóris é alongado, com a ajuda de enxertos de pele, até tornar-se um pênis, usado para urinar, não para ejacular. Alguns optam por um instrumento protético interno, para que o pênis possa ser bombeado na posição ereta, permitindo uma simulação de relação.

G A lenda de um demônio de dentes afiados que se esconde dentro de uma mulher jovem para castrar rapazes – e que foi derrotado pela engenhosidade de um ferreiro ao moldar um pênis de metal para quebrar os dentes do demônio – é celebrada no Shinto Kamanara Matsuri (Festival do Pênis de Aço), em Kawasaki, um dos festivais japoneses de pênis que vêm diminuindo em número.

H Uma mulher sabe que é mãe de um recém-nascido. Falando genericamente, um homem, para saber que é o pai, precisa da palavra dela.

Alguns homens sempre tiveram razões para se preocupar com o fato de serem os pais biológicos de uma criança ou não. Desde os anos 1920, diversos métodos de testar o sangue foram desenvolvidos, embora fossem difíceis de realizar e muitas vezes inconclusivos. Nos anos 1970, todavia, um teste de células de proteínas HLA foi desenvolvido, com 90% de probabilidade de estabelecer a paternidade. O teste de DNA – com 99,99% ou mais de certeza – surgiu nos anos 1980.

Uma pesquisa global relatou no *Journal of Epidemiology and Community Health* em 2005, que um em cada 25 pais estava criando, sem saber, o filho de outro homem.

Na Inglaterra elisabetana, os homens tinham ansiedades adicionais. Um homem dava boas vindas ao nascimento de gêmeos, se fossem duas meninas ou um menino e uma menina, mas ficava menos satisfeito se ambas as crianças fosse meninos: a crença era a de que um nasceu do testículo direito e o outro do menos viril testículo esquerdo, significando que um dos filhos (qual?) teria carências de muitos tipos. Mas os trigêmeos constituíam um caso de grande preocupação – trigêmeos indicavam que outro homem tinha ficado com sua mulher. De forma curiosa, uma crença médica da Itália do século XVI era a de que uma criança poderia ser concebida do sêmen de até sete homens, cada um contribuindo com uma porção do seu caráter.

Os Hotentotes da África Ocidental praticavam semicastrações – a remoção de um testículo – para evitar o nascimento de gêmeos, que eram considerados má sorte.

[I] A terra se movia? As mulheres da tribo Kagaba da Colômbia acreditavam que se uma mulher se movesse durante o intercurso, a terra escorregaria dos ombros de quatro gigantes que a erguiam acima da água.

[J] A Europa, como o Japão, de forma geral não comprou o argumento da higiene. Na Grã-Bretanha a circuncisão permaneceu popular entre os mais abonados, mas os índices subiram sob o novo *National Health Service*, criado após a Segunda Guerra Mundial; caíram de forma dramática a partir do momento em que os pais passaram a ter de pagar por ela – o índice de 50% virou quase zero hoje. O entusiasmo dos Estados Unidos pela circuncisão só arrefeceu nas últimas décadas, de 95% para 60% no geral, embora metade disso fique nos estados do Leste.

A circuncisão é um ritual humano que remete à pré-história. É central para a religião dos judeus (que circuncidam aos oito dias) e muçulmanos (na puberdade), mas há diversas tribos da África e aborígenes da Austrália que também a adotam. Entre os povos primitivos, os homens são considerados neutros até que o prepúcio seja removido; antes disso ele é visto como do sexo feminino, porque guarda alguma semelhança com os lábios vaginais. Os gregos e romanos ficaram chocados com a circuncisão quando a descobriram entre os egípcios e israelitas. Considerando que uma porção do prepúcio afunilada, carnuda como um mamilo, é característica que define o macho, eles chegaram a passar leis proibindo tal "mutilação".

Houve considerável debate a respeito dos prós e contras da circuncisão para o adulto masculino. Alguns especialistas o consideram benéfico, por retardar o orgasmo. Outros sustentam que o homem perde zonas erógenas ricas em tecidos nervosos e também sensações na glande, que fica permanentemente a descoberto, o que a torna, com o tempo, "tão sensível quanto uma rótula". Outros definiram a circuncisão como sendo o "estupro do pênis". A probabilidade é a de que não haja muita diferença, de um jeito ou de outro.

O prepúcio é muito maior do que precisaria ser, com quase 100 centímetros quadrados de superfície.

[K] Na França da Renascença, a crença era a de que um homem com rancor em relação a um noivo recente poderia torná-lo impotente ao chamar seu nome, enquanto, ao mesmo tempo, quebrava a ponta de uma faca na porta do quarto de núpcias.

Crenças similares ocorreram ao longo dos tempos, – os atenienses do sexo masculino se preocupavam com o fato de que a magia negra pudesse ser utilizada para prejudicar a potência de seu pênis. Inimigos ou rivais sexuais muitas vezes utilizavam um tablete de chumbo como uma maldição dirigida ao órgão sexual de alguém, enterrando-o no túmulo de um menino – acreditava-se que os fantasmas dos "mortos prematuros" vagavam pela Terra preparados para infligir o mal até que seu tempo de vida terminasse.

[L] Insultar o pênis é insultar o homem – e a humanidade tem feito isso, com o gesto fálico, ao longo da história.

Há dois mil anos, os romanos trocavam entre si o que os antigos chamavam de mãos fálicas, assim como os antigos gregos: o punho cerrado, a ponta do polegar entre o primeiro e o segundo dedo, como a ponta de um pênis. É a *mano fico* (a "figa"), em latim, mas significando "foda-se" em qualquer língua exceto a japonesa – os sempre tão educados japoneses não fazem esse gesto, nem pronunciam qualquer palavrão. É provável que seja mais velho o *digitus impudicus* (dedo impudico): o mesmo significado, com maior economia. A "figa" é ainda popular nos países mediterrâneos, em particular a Itália, mas o "dedo" é quase universal, embora com algumas variantes: o primeiro dedo, em vez do mais comum dedo do meio, ou os dois dedos juntos, ou separados. Mas não no Irã e em outros países do Oriente Médio, onde o equivalente ao "dedo" é o que no Ocidente é um gesto de encorajamento, os polegares para cima, o que pode levar a sérios desentendimentos de um lado ou de outro.

Uma variação mais recente é o antebraço fazendo um movimento rápido para cima, com uma mão segurando o bíceps do braço oposto. Outra, popularizada pelo comediante Hasper Carrott, desenha no ar uma protuberância saindo da testa, com indicador e polegar estendidos. Um gesto é comum em alguns países da África e do Caribe: cinco dedos são estendidos com a palma para a frente, significando que você tem cinco pais (bastardo). Isso foi adaptado e enfatizado ao virar a mão para trás, contra a testa, não mais apenas uma cabeça de pau, mas cinco delas.

Em anos recentes, as mulheres adotaram o dedo mínimo dobrado e mexendo: pau pequeno e caído. Com a mesma psicologia de um pôster de campanha feito em Israel, da década passada, em 2007 o governo australiano produziu uma série de comerciais de TV em que mulheres davam o dedo mínimo para motoristas homens que dirigiam muito rápido. Quando uma mulher em Sidney fez como nos comerciais, o irado receptor de seu sinal espatifou uma garrafa em seu carro, declarando-se inocente no tribunal daquilo que ele considerava, por razões justificadas, como sua masculinidade posta em dúvida.

Durante a Segunda Guerra Mundial, a *Political Warfare Executive* britânica (PWE), responsável pela manipulação da propaganda, colocou em dúvida a masculinidade de Adolf Hitler de uma forma surpreendente de tão explícita. Os britânicos procuravam animar uns aos outros durante a guerra cantando a música "Colonel Bogey" com uma letra que falava sobre o fato de que Hitler só tinha uma bola (verdade: como revelou um exame médico feito quando jovem, o testículo direito do feto do Führer não realizou a viagem normal desde o abdome em desenvolvimento, até chegar ao canal inguinal, no escroto).

Mas a PWE antevia um insulto ainda muito maior. Utilizou uma foto de Hitler em pé, em um balcão, colocou seu pênis em sua mão como se fosse dele – um pênis muito pequeno, e circuncidado, para alimentar o rumor de que ele era um judeu possuído por um autoódio – e produziu um cartão-postal dele, com a legenda "Aquilo que temos é o que seguramos com firmeza", tirado de um discurso que ele fizera em Munique, em 1942. Cerca de 2,5 mil cópias foram jogadas sobre a Alemanha, em março de 1944, antes que a operação fosse cancelada, com um ministro do governo dizendo que preferia perder a guerra do que ganhar com a ajuda de pornografia psicológica.

Uma intrigante questão: seria a ereção de 6,70 metros no gigante Cerne, a figura de gesso gravada em uma montanha acima da cidade de Cerne Abbas, um insulto fálico ou não?

Na maior parte dos últimos três séculos, imaginou-se que o gigante de 54 metros era um símbolo de fertilidade do período romano-britânico, possivelmente fenício, celta ou saxônico. Era costume, durante aqueles séculos, montar um poste decorado no local durante o plantio da primavera e a colheita do verão, que também servia para mulheres inférteis, recém-casados e casais prestes a casar que visitavam o local, para talvez dormir no pênis Gigante e ter sorte conjugal. Mas, no final do século XX, os estudiosos notaram que os escritos mais antigos referentes ao gigante foram feitos somente em 1694 (com um pagamento de três *shillings* encontrado na contabilidade dos responsáveis pela igreja, para manter a figura em ordem); até que, em 1774, o reverendo John Hutchins em seu guia de Dorset afirmou que o gigante era "uma coisa moderna" e que havia sido produzido no século anterior pelo dono da terra, Denzil Holles, um parlamentar hostil, de oposição a Cromwell, mandado para a prisão por ele por muitas vezes. Nessa base, e porque o gigante tem um bastão (fálico), a especulação dos entendidos foi a de que a motivação de Holles em ter o gigante erigido era a de dar forma a um epíteto pelo qual Cromwell foi debochado pelos seus inimigos: o Hércules Inglês.

A probabilidade é que o gigante Cerne seja uma figura de fertilidade antiga, e extraordinária, nesse quesito. Caso não seja, trata-se do maior insulto fálico jamais feito.

[M] O médico da prisão de San Quentin, Leo Stanley, não tinha esse problema – ele não apenas tinha acesso aos testículos dos presos executados como também daqueles que tivessem morte natural e cujos corpos não fossem reclamados. Ele fez mais de 600 transplantes com voluntários entre os internos.

[N] Nos anos 1980, cirurgiões tentaram religar artérias penianas, que seria mais ou menos como realizar pontes de safena em miniatura, com alta incidência de fracassos. Agora, na China, estão sendo conduzidos experimentos nos quais um músculo do braço é enxertado nos pênis com disfunção para encorajar a ereção; nos Estados Unidos, *stents* que liberam medicamentos estão sendo colocados em artérias penianas, do mesmo jeito que versões maiores são fixadas em vítimas de ataque cardíaco, e pela mesma razão: possibilitar passagem livre para o fluxo sanguíneo. Veremos qual será o resultado desses procedimentos.

[O] Foram denunciadas mortes de jovens que utilizaram pílulas para aumentar a potência, na tentativa de aumentar a sensibilidade ao fazer amor. Em 2009, um moscovita de 28 anos apostou 4 mil dólares com duas mulheres que ele poderia aguentar o sexo numa maratona de 12 horas com elas. Tomou várias drágeas de Viagra e ganhou sua aposta – mas morreu de ataque cardíaco. Talvez o caso mais extraordinário de morte por sexo sem estimulantes, registrado no jornal médico *Paris Recueil periodique d'observations de médecine et de chirurgie*, seja o de um jovem que morreu ao ter relações por 18 vezes em dez horas.

PARTE 4

LUZES! CÂMERA! AÇÃO!

Amor é uma questão de química,
mas sexo é uma questão de física.

Anon

CAPÍTULO 1

O PAU DO CÉREBRO

Que o sangue faz o pênis intumescer para ficar ereto parece óbvio demais para mencionar. Mas nem sempre se acreditou nisso. Os gregos antigos pensavam que o ar fluía do fígado para o coração e descia pelas artérias para fazer o pênis inflar, do mesmo jeito que se enche um pneu de bicicleta.

A Igreja medieval queria acreditar que o espírito de Deus elevava o órgão com o objetivo de procriar, mas era difícil para ela própria se convencer disso: evidentemente, muitas ereções aconteciam quando a procriação era a última coisa que passava pela cabeça do dono do pênis.

No final do século XV, Leonardo da Vinci registrou aquilo que de fato fazia o pênis levantar, depois de acompanhar a dissecação de um homem enforcado, e mais tarde, dissecando outros enforcados. Ele escreveu em seu diário que tinha visto "homens mortos com o membro ereto... todos de grande densidade e dureza, repletos de quantidade abundante de sangue".

Por que um homem enforcado morre com ereção ainda não era bem compreendido até 400 anos depois, quando o papel do sistema nervoso na função erétil normal ficou claro – e daí foi possível concluir que a súbita fratura das vértebras cervicais produzia um violento estímulo nos centros nervosos, detonando a abertura dos vasos sanguíneos do pênis (também pode acontecer em outros tipos de morte violenta). A primeira descrição definitiva na literatura médica ocidental relativa ao papel desempenhado pelo sangue na ereção foi publicada pelo médico francês Ambroise Paré (sem saber que Da Vinci tinha chegado lá uns 70 ou 80 anos antes dele). Se nos anos de da Vinci e Paré o espalhafatoso Rabelais tivesse conhecimento de que sangue, e não ar, fazia o pênis subir, ele certamente saberia que um homem enforcado bate uma continência final. "Não é uma morte feliz", escreveu animado (*Gargântua e Pantagruel*), "morrer com um john-thomas[1] duro?".

Os pênis de primatas variam de espécie a espécie: o do parente mais próximo do ser humano, o chimpanzé, por exemplo, é cônico, parecido com as cornetas de papelão sopradas nas festas em Nova York, enquanto o do homem é cilíndrico. Somente o homem produz a sua ereção contando somente com a pressão do sangue: os demais primatas, como a maioria dos mamíferos, têm um osso peniano – um báculo – que é flexionado deliberadamente quando uma ereção é requerida; algo mais rápido e de maior confiança do que a hidráulica humana. A biologia evolutiva deduz que os primeiros ancestrais do homem devem ter tido esse tipo de equipamento: mulheres humanoides, assim como a maioria dos primatas femininos, teriam copulado com diversos parceiros em sucessão. A velocidade para o macho era essencial, pela possibilidade de ser posto de lado pelo próximo da fila. Talvez muitos homens impotentes hoje lamentassem, como fez (o potente) Henry Miller (*Tropic of Cancer*), que "a estrutura óssea se perdeu no homem". Mas por que foi perdida? Uma interpretação pouco convencional do Gênesis sugere que Deus criou Eva não da costela de Adão, mas do osso do seu pênis. A base para essa especulação é que o homem e a mulher têm o mesmo número de costelas – no homem não falta uma – e, de qualquer forma, o hebraico bíblico não tem uma palavra específica para costela: a palavra usada, *tsela*, significa qualquer estrutura de suporte.

O biólogo evolucionista Richard Dawkins teoriza que a perda do osso do pênis se refere à seleção feminina: uma ereção dependente de um osso nada dizia sobre a saúde do dono do pênis, enquanto uma ereção dependente apenas da pressão do sangue dizia muito: uma rigidez pobre era um aviso de que o macho poderia ser geneticamente fraco e por isso não geraria uma descendência saudável.[A]

---

[1] N. do T.: Apelido do pênis ereto.

A vida, como os donos de pênis ficaram sabendo de forma frustrante, seria muito mais simples se ter uma ereção fosse questão de vontade, como foi para Jean Cocteau – poeta, pintor, romancista, designer e cineasta, cujo ponto forte quando jovem foi outra manifestação de sua versatilidade: deitado pelado no chão, em uma mesa ou espreguiçadeira, ele chegava sozinho a um orgasmo ejaculatório pleno sem tocar no pênis, somente com o poder da imaginação – para aplausos gerais dos que estavam ao redor. Há muito poucos Cocteaus capazes de superar a ligação parassimpática à qual a ereção está conectada, como a respiração e a digestão. A ereção é involuntária: não está sob o comando do dono do pênis, mas é uma resposta reflexiva para os múltiplos estímulos psicogênicos e sensoriais. As melhores ereções, claro, passam por vias físicas e psicológicas.

As coisas acontecem quando tais estímulos percorrem a coluna vertebral. Os nervos locais liberam óxido nítrico para abrir as artérias penianas e o sangue das artérias flui para milhares de finas e sinuosas vias, enchendo o corpo esponjoso da parte central do pênis (pelo qual a uretra corre) e o corpo cavernoso, os gêmeos, que são câmaras esponjosas dos dois lados dele. Como uma flor fotografada em câmera lenta, o pênis incha, encomprida, engrossa da base para a ponta, elevando-se. E enquanto o sangue pressiona contra a capa (túnica) do pênis, cria-se o "fecho", a cabeça do pênis, onde a maior sensibilidade é concentrada, tornando-se levemente úmida e brilhante devido ao sangue logo abaixo – e não se trata de pele, mas de membrana, similar a essa de dentro das pálpebras e lábios, mas muitíssimo mais fina.

Só são necessários 28 gramas de sangue para uma ereção completa, o que representa de oito a dez vezes o suprimento normal de um pênis. Em um jovem, o processo demora apenas alguns segundos, já em um homem com pelo menos 50 anos, no mínimo o dobro; e naqueles entrados em anos, o tempo só pode ser calculado em termos de paciência – mas com estímulo físico, o pênis mais velho, como um veterano cavalo de guerra, pode responder ao toque do clarim.

A pressão do sangue em um pênis plenamente ereto é ao menos o dobro do que está em circulação normal; pesquisas abrangendo várias culturas, todavia, indicam as diferenças raciais nas ereções resultantes. De modo geral, os pênis negros são menos duros do que os brancos, que, por sua vez, são menos rígidos que os dos asiáticos. Ainda de forma geral, quando os donos de pênis estão de pé, as ereções dos negros flutuam na horizontal, a dos brancos um pouco acima disso – embora apenas um em cinco atinja 45 graus – e os da maioria dos asiáticos levantam verticalmente, mais ou menos de encontro à barriga. Pode haver uma correlação entre rigidez e elevação, mas não necessariamente. A ereção de pouquíssimos homens é tão poderosa a ponto de eles poderem suspender objetos pesados com o pênis – Armand, no romance homossexual de Jean Genet *The Thief's Journal*, levanta um homem pesado na ponta do dele. Tais possuidores de pênis muitas vezes ficam ávidos por demonstrar sua habilidade: recrutas do Exército nacional, durante os anos 1950, contavam casos de indivíduos que podiam aguentar o balde de metal galvanizado dos bombeiros do quartel, em alguns casos com um par de botas do Exército dentro dele; nas festas na casa da princesa Margareth, na ilha Mustique, nos anos 1960, dizem que o antigo gângster John Bidon conseguiu equilibrar um copo *half pint* cheio, ou teria suspendido cinco canecas pelas asas. Sexualmente falando, é claro que o estado erétil ótimo é aquele que permite uma penetração satisfatória.

O macho humano nem mesmo espera nascer para ter ereções: os exames de ultrassom demonstram que ele já as tem no útero. Tantos recém-nascidos saúdam o mundo com uma ereção que o sexologista William Masters, em seus antigos dias como obstetra, fez um desafio a si mesmo: tentar cortar o cordão umbilical antes que a coisa acontecesse.

As mães ficam vermelhas e perturbadas quando o filho bebê tem ereções, e tiram a mãozinha dele dali. Mas, às vezes, manipulam o pênis dele para acalmá-lo, ou embalá-lo para o sono; em algumas culturas, mulheres chupam o pênis infantil – "o segredo aberto" de toda aia, "o tesouro nativo" em quem as *memsahib*[2] britânicas contavam tanto para cuidar de seus filhos nos dias do Raj" (Jonathan Gathorne-Hardy, *The Rise and Fall of the British Nanny*). E, às vezes, de forma ambivalente, as mães brincavam com o pênis infantil, como fez a enfermeira de *Gargântua*, de Rabelais, que "quando ele começou a exercitar sua braguilha", esfregava-a entre suas mãos "como um rolo de massa e então estourou na risada quando ele ergueu suas orelhas". Quando era um garotinho, as babás do rei francês Luiz XIII se divertiam da mesma forma, fazendo com que ele ficasse tão orgulhoso que mostrava à sua governanta dizendo: "Meu pau é como uma ponte levadiça. Veja como vai para cima e para baixo". Ele tentou mostrar a seu pai, mas não pode executar a performance. "Agora está sem osso", disse, com tristeza. "Mas às vezes ele está lá".

O adolescente é vítima da ereção frequente e indiscriminada. Imagens, sons, cheiros, qualquer coisa ou quase nada pode provocá-la, incluindo inocentes atividades como escorregar por um corrimão ou andar de bicicleta. Em sua autobiografia, William Butler Yeats escreveu que com 15 anos, depois de nadar, ele cobriu seu corpo com areia, e "na mesma hora o peso da areia começou a afetar o órgão do sexo, embora, de início, eu não soubesse o que essa sensação estranha e crescente significava. Era apenas o orgasmo que eu passava a conhecer... Demorou alguns dias antes que eu descobrisse como renovar essa maravilhosa sensação". O movimento de um ônibus ou trem muitas vezes deflagra o processo, como uma autoconsciência aguda. "Parece que eu não posso me levantar para ir até o quadro-negro, na escola, ou tentar saltar de um ônibus, sem que ele pule para cima, como a dizer, 'Olá! Olhe para mim!' para todo mundo à vista", confessa o Portnoy de Philip Roth.

A experiência pode ser embaraçosa – e humilhante se uma ejaculação espontânea se seguir.

A maioria dos homens vivenciou seus primeiros "dispêndios" com a masturbação; grande parte dos demais percebe que a coisa ocorre invo-

---

[2] N. do T.: Mulher branca europeia, assim chamada com respeito pelos não brancos na Índia.

luntariamente, enquanto dormem e sonham; mas alguns poucos têm tão pouca sorte que ocorre em público mesmo. Mesmo muitos daqueles que acreditam ter consciência de sua sexualidade descobrem que a sensação súbita que vem de seu corpo, e a pulsação violenta do coração, enche-os de ansiedade, no sentido de que algo está errado. Como conta em sua autobiografia *Flannelled Fool*, o homem de letras T. C. Worsley, flagrado por sua governanta em Marlborough, ouviu dela: "Você pode encontrar alguma substância branca pipocando de suas partes íntimas, Worsley. Não se preocupe com isso. Trata-se apenas de uma espécie de doença, como sarampo".

Na fase adulta, a ejaculação espontânea é rara, mas pode ocorrer: aconteceu com aquele sedutor experiente que sempre andava atrás de mulheres, James Boswell, enquanto esfregava a perna em uma mulher, na ópera. As ereções causadas não sexualmente também se tornam raras (há exceções: a grande gracinha do poeta Rupert Brooke era mergulhar no rio Cam e emergir com seu pênis na perpendicular – o que impressionou bastante Virginia Woolf quando eles foram nadar nus), mas uma surpresa pode ocorrer a qualquer momento. Como o personagem de meia-idade de *Intimacy*, do escritor Hanif Kureishi, que presta atenção à aula de ioga que frequenta com a esposa, porque vê mulheres atraentes em malhas brilhantes refletidas nos espelhos posicionados em longas paredes, "em posições ousadas", fazendo seu pênis pressionar contra seu calção "como a dizer 'Não esqueça que estou aqui também!'".

Essa ereção deliberada é fugaz; outras, mais deliberadas ainda, podem ficar ostensivamente firmes, em especial se houver contato físico, sem intenção e sem saída, como às vezes acontece em um elevador lotado ou na aglomeração de um trem subterrâneo. Alguns donos de pênis buscam tal contato, esfregando-se de propósito em mulheres nesses espaços públicos, como se permitiram fazer Samuel Pepys e outros antes dele e desde então. Esfregação, como o ato é definido, conhecido também no bom humor cru dos vitorianos como *bustle punching*, algo como a nossa "encoxada", é hoje uma preocupação dos japoneses assalariados de Tóquio, onde a cada ano mais de 2 mil prisões são feitas por diversas formas de molestar.

As pistas de dança, de certa forma, legitimam um tipo de esfregação, quando casais dançam bem juntinhos. Se os movimentos forem ritmados ou, ao contrário, o casal ficar firme, pode haver um certo desconforto, pelo menos para uma das partes que gerou a ocorrência, – possivelmente para ambas. Ou não. Aos 17 anos, a poeta Sylvia Plath escreveu em seu diário a respeito de um parceiro que "no tablado puxou-me para bem perto de si, a forma dura de seu pênis colou-se no meu estômago", adicionando, "E foi como se um vinho quente fosse despejado dentro de mim".

No fundo do cérebro está a glândula pineal, um pouco maior do que um grão de arroz, que os médicos do século XVII acreditavam ser uma junção de mente e corpo (o filósofo René Descartes acreditava que era a sede da alma). Também pensaram que tinha algumas funções sexuais, por isso seu nome, a quem os textos médicos do período se referem como "o pau do cérebro". De fato, a atividade sexual não se inicia aqui, mas no hipotálamo, no centro do cérebro, que coordena as ações básicas, como os padrões de dormir e caminhar – utilizando o hormônio melatonina produzido na glândula pineal – que, por sua vez, são amplamente governados pela maneira como o dia e a noite são percebidos pelos olhos. De certa forma, o século XVII não errou ao imaginar que a glândula pineal fosse um acessório do sexo, embora estivesse mais próximo de acertar se dissesse isso dos olhos masculinos. Os homens "fodem com os olhos", os espanhóis dizem (e os mais educados dizem *mirada fuerte*). "Na Andaluzia, o olho se assemelha ao órgão sexual", escreveu David Gilmore em *Aggression and Community: Paradoxes of Andalusian Culture*. O crítico de cinema do jornal *The Guardian*, David Thomson, sugeriu que as mulheres não eram autoras porque não têm a primazia do olhar masculino, que é essencialmente *voyerista*; ele também sugeriu que os homens sentem com os olhos – assim como uma câmera. A mulher de Thomson colocou o assunto de forma sucinta, parafraseando o jeito

andaluz: os homens "veem com seus paus".
E eles veem a tentação de todo lado:

> *A cada dia o pênis é tomado por visões sexuais nas ruas, em lojas, escritórios, outdoors comerciais e publicidade na TV – há o olhar sedutor de uma modelo loura espremendo creme de um tubo, os mamilos impressos contra a blusa de seda da recepcionista de uma agência de viagem, uma coleção de bundas em jeans apertados subindo a escada rolante de um shopping; o aroma de perfumes que emanam do balcão de cosméticos: são almíscares produzidos pelos genitais de um animal para excitar o outro.*
> (*Thy Neighbor's Wife*, Gay Talese).

De fato, os homens (e seu adendo cúmplice) escrutinam sexualmente quase todas as mulheres, independente de sua atratividade: pernas e bundas na frente, seios, virilha e pernas vindo a seu encontro. É uma atividade bastante subliminar; os homens são como os programas antivírus, monitorando, monitorando.

As mulheres em geral não se comportam assim. Um homem aqui ou acolá vai prender sua atenção, mas não uma panóplia de partes do corpo que passam por ela. Elas têm um nível de estímulo visual muito menor – o que explica o fato de que a maioria não se excita com os genitais masculinos, e, Kinsey descobriu, menos de uma em cinco querem a luz acesa quando fazem amor. Quase todos os homens também, em alguma fase de sua vida.

Vários estudos tentaram estabelecer com que frequência o dono do pênis pensa em sexo, com resultados enormemente diferentes: um a cada sete segundos (Kinsey), por exemplo; pelo menos uma vez a cada 24 horas (*International Journal of Impotence Research*) – esse último estudo indica que os homens britânicos pensam em sexo com mais frequência do que qualquer outra nação da Europa. Certo é que os pensamentos sexuais cintilam atrás do córtex visual do homem o dia inteiro, e durante quase toda a noite. Quando isso acontece, a área do hipotálamo – quase três vezes maior no cérebro masculino do que no feminino -, em busca de sexo, acende como uma máquina caça-níquel, e, como mostra a imagem neural, surgem pontos quentes de erupções de sangue. De forma constante, intermitente, ele pensa em sexo: sem motivo, inocentemente ou nem tanto, fantasiando.

Daria tudo que possuo
(Dinheiro chaves carteira posses pessoais
e artigos de vestimenta)
Para enfiar minha ferramenta
Na mais linda garota da King's
High School *de Warwick*

Assim escreveu o poeta Philip Larkin em uma carta para seu amigo Kingsley Amis, o tipo de fantasia passageira familiar a muitos homens, mas não em verso.

O cérebro do dono de pênis é o seu órgão sexual mais ativo, somente fora de ação quando ele dorme, mas nem sempre, assim como seu pênis.

A testosterona, o hormônio masculino, produzido em células específicas (células Leydig) que ficam entre as espirais que produzem esperma nos testículos, é a causa primeira disso.

No útero, a testosterona forma ambos, os genitais masculinos e o cérebro – neste, o córtex da audição encolhe para dar lugar à parte que processa o sexo. Na puberdade, a testosterona emerge no corpo masculino, aumentando de 10 a 35 vezes, engrossando a voz, criando os pelos do corpo – e produzindo um desejo absoluto. A diferença entre os níveis de desejo entre quem tem pênis e quem não tem, diz o psicólogo evolucionista David Buss, é desconcertante: "como a diferença entre o homem e uma mulher ao lançar uma pedra à distância".

Como escreveu já velho (*The Summer of a Dormouse*), o romancista e dramaturgo John Mortimer de Oxford compartilhou a ideia com Bustyn, seu empregado, e com o futuro arcebispo de Canterbury, Oord Runcie, que um dia perguntou ao criado por que Mortimer sempre tinha jovens garotas em seu quarto e por que usava calças de veludo cotelê roxo; ao que Bustyn respondeu de forma enigmática: "Mr. Mortimer, senhor, tem um membro irrepreensível".

Falando sexual e metaforicamente, todos os homens usam veludo roxo. O desejo deles – e a necessidade de variar que o acompanha – é irrepreensível. E, pelo menos às vezes, "coloca-os fora do prumo, fazem-nos pedir favores à noite, de mulheres cujos nomes eles preferem esquecer pela manhã" (Talese). E até os fazem trair alguém que amam. De fato, o desejo pode ser tão autofágico que faz o homem ficar irracional e acreditar que "há algumas fodas para as quais a pessoa afogaria a mulher e os filhos em um mar gelado" (Kureishi). Quando os homens ficam privados inteiramente de mulheres, o escabroso comediante americano Lenny Bruce dizia, "eles fodem a lama". Depois de visitar o Egito, o historiador Heródoto escreveu que: "Quando as mulheres dos homens de alto escalão morrem, os maridos não deixam que as embalsamem de imediato, nem encaminham as muito bonitas ou famosas, mas aguardam até o terceiro ou quarto dia após a morte delas. Fazem isso para que os embalsamadores não tenham relações sexuais com essas mulheres."

Na (possível) autobiografia *My Secret Life*, o vitoriano Walter coloca a compulsão do homem por sexo em termos que nenhum dono de pênis objetaria:

> *Se você não tem como pagar por uma xoxota ou não conhece nenhuma que vá com você por amor, seu pau é um artigo*

inquieto, que vai insistir nas bundas, forçando-o em algum lugar ou de algum jeito, até se aliviar daquela rigidez.

Muitos homens frustrados por falta de mulher, observa o *Kama Sutra*, "agarram o leão". Alguns, todavia, "precisam se satisfazer com as vaginas de outras espécies, éguas, cabras, cadelas, ovelhas... ou com outros homens".

Embora a dita bestialidade tenha sido condenada universalmente antes do século XIX, o intercurso entre homens era amplamente apreciado na cultura Ocidental, revelando nada mais do que uma urgente avidez; de fato, era de *rigueur* para um dândi elisabetano ter um *"ingle"* ou namorado sem barba no limiar da masculinidade, e ter como companheiro o estranho "Ganimedes" ou prostituto (o jovem Ganimedes foi cobiçado por Júpiter, pai dos deuses), sem ser taxado de sodomita. O século XIX, no entanto, demonizou esse tipo de sexo, rotulando-o de um desvio (na última metade do século XX, os terapeutas sexuais começaram a preferir a palavra "variante", por ser apenas descritiva, sem julgamento).

Cerca de metade das culturas do mundo condenam a homossexualidade, enquanto dois terços do restante aceitam, e o resto ignora o assunto. Kinsey proclamou que a sexualidade humana é um espectro, e, também, que a homossexualidade está nos genes, o que é desconsiderado por muitos como um determinismo simplista. A verdade é que há mais homens que se consideram heterossexuais, mas que têm algum contato homossexual, do que a maioria das pessoas pode imaginar.

Kinsey dividiu as formas como um homem pode atingir o orgasmo (ou entrega total, como preferia dizer) em seis categorias: poluição noturna, masturbação, carícias heterossexuais, relação, atividade homossexual e contato com animais. Não é provável que muita gente tenha experimentado todas essas categorias, a não ser um dos exemplos de Kinsey, o fantasticamente ativo Mr. King, que registrou sua atividade sexual com garotas (200), garotos (600), inúmeros adultos de ambos os sexos, incluindo sua avó, pai e 15 outros parentes, e não poucas bestas no campo. Na idade de 63, ele demonstrava que era capaz de ejacular, na masturbação, em dez segundos.

Homens de orientação heterossexual e seus pênis apresentam uma multiplicidade de formas de comportamento variante.

Embora para a maioria dos homens os pensamentos eróticos com mulheres, mesmo sem contato carnal, sejam suficientes para estimular a gangue de hormônios e neurotransmissores que levam à ereção, para alguns isso é insuficiente. Em seu romance *Justine*, Marquês de Sade escreveu sobre o Conde X, que achava impossível ter um orgasmo a não ser roubando no jogo. O antigo sexólogo Havelock Ellis (impotente até os 60, quando descobriu algo bem bizarro: se excitava ao ver uma mulher urinar) soube por uma prostituta que um cliente dela só atingia o orgasmo quando ela estrangulava um pombo na sua frente. Alfred Kinsey entrevistou um ministro de congregação religiosa que tinha ereção ao ver uma mulher de muletas.

De acordo com ele, os cérebros de quase todos os homens são muito curiosos em matéria de sexo, de uma forma que não acontece nos cérebros femininos. Os homens querem experimentar. Tanto Sade como Henry Miller tentaram transar com maçãs sem miolo recheadas de creme. Reflexos do filme *American Pie* – o roqueiro selvagem Alice Cooper masturbava-se com as rosquinhas recheadas de geleia de sua irmã. Assim como o grego antigo Clísifo "violava a estátua de uma deusa no Templo de Samos depois de ter colocado uma peça de carne em certo lugar"; Portnoy, em *Portnoy's Complaint*, fazia sexo com um pedaço de fígado ("fodi o jantar da minha própria família!"). Alguns jovens acabaram no pronto-socorro após tentar ter relações com um aspirador.

CAPÍTULO 2

QUANDO UM NÃO QUER

A masturbação solitária (as "estocadas da invenção", de Shakespeare) é, obviamente, a solução "pão com manteiga" para descarregar, possivelmente a única atividade sexual dos jovens. Mas também é uma válvula de segurança para quase todos os adultos do sexo masculino, não importa quão saudáveis sejam suas vidas sexuais, mesmo de forma esporádica. (Diversos escritores, incluindo Pepys, Voltaire, Kierkegaard, Gogol, Rousseau, Flaubert e Walt Whitman, disseram que esse ato fazia seus fluidos criativos circularem.) Assim como muitos termos ligados ao sexo, masturbação é da safra do século XVI, "*frig*" (do latim *fricare*, esfregar), era um termo comum em inglês. "*Wank*" (1940, origem desconhecida) é o sinônimo mais popular entre os britânicos, substituindo "*toss off*" (século XVIII, do significado original de terminar uma tarefa depressa); os americanos, na maioria, aderiram ao "*jerk off*"[3].

Freud assegurava que a masturbação era exclusivamente masculina, e algo infantil. Kinsey ponderava que metade das mulheres também se masturba, embora com bem menos frequência, e quando o fazem são mais proficientes, pois têm uma imaginação romântica. Criaturas visuais que são, os homens querem imagens concretas (por isso são ligados à pornografia) ou o resíduo de uma delas na retina – famintos de companhia feminina quando moravam em tendas na Zona do Canal durante os anos 1950, de acordo com um deles, os soldados rasos britânicos "ficavam de olho em uma das poucas WRACs[4] (que só estavam interessa-

---

[3] N. do T.: Todos eles são sinônimos dos termos em português punheta, bronha e tantos outros.

[4] N. da E.: Acrônimo de Women's Royal Arms Corps. Era o batalhão ao qual pertenciam todas as mulheres do exército britânico, exceto as médicas, dentistas, veterinárias, capelãs e enfermeiras, que faziam parte de batalhões mistos. Existiu de 1942 a 1992.

das nos oficiais) para fixar sua boa imagem na memória e depois correr para sua barraca, para se masturbar" (*The Call-Up*, Hickman). A fantasia se transforma em essência: como relata o dramaturgo Arthur Miller em sua autobiografia *Timebends*, certa vez ele estava com sua mulher Marylin Monroe em uma livraria e notou que um homem se masturbava dentro das calças, enquanto a observava.

Ser masturbado por uma mulher o que, desdenhosamente Kinsey categorizava apenas como uma carícia heterossexual, é considerado uma experiência superior a ter de se virar sozinho – com a condição, como Alex Comfort destacou em *The Joy of Sex*, de que a mulher tenha o dom divino do desejo, para não tratar o pênis como alavanca de câmbio e cumprir sua tarefa "sutilmente, sem pressa e sem compaixão". Ninguém acredita que isso seja "ter sexo". Mas o que dizer do intercurso oral (orogenital ou bucal), que Kinsey também incluiu na mesma categoria? Em 2010, o Instituto Kinsey descobriu que quase um terço dos americanos entre 18 e 96 anos pensavam que sexo oral não era prática de sexo, a base para a negativa de Bill Clinton de que não havia ficado com a estagiária Monica Lewinski, tendo aproveitado as atenções dela na felação, ocorrida no Escritório Oval. (Que Clinton tenha fumado um charuto durante o ato, logo o mais atual dos símbolos fálicos, o que apimentou os comentários sobre o caso.)

Como fonte de gratificação sexual, o sexo oral fica bem perto do intercurso vaginal para muitos homens. Bill Clinton, quando presidente americano, disse a uma comissária de bordo que aquilo era "a coisa de que mais gostava"; de fato, se fosse um caso de escolher sexo vaginal, ou apenas oral, um homem em cinco diz que opta pelo sexo oral.

O mundo antigo gostava da felação tanto quanto de tomar banho. Tanto que, na Mesopotâmia, a palavra para sêmen e para água limpa era a mesma – ambas fertilizavam a vida.

Muitas culturas passadas, especialmente na Índia e na China, ritualizavam o *fellatio* (*fellare*, em latim, chupar, palavra registrada em inglês pela primeira vez em 1887). Os gregos e romanos tinham uma questão nesse sentido. Consideravam, teoricamente, a felação como sendo "suja", mas praticavam do mesmo jeito, sem dar confiança para os seus elevados princípios. Uma variação era o *irrumatio*, no qual a boca de outra pessoa era usada como um orifício passivo, como penalidade ou humilhação – um ato que tinha a ver com o poder, não com a satisfação sexual. Para quase todos os romanos, *cunnilingus* era impensável: a boca masculina, fonte da oratória, não deveria ser desvirtuada.

Apesar das estruturas da Igreja, a Europa medieval não desistiu do *fellatio*. Depois que a peste fez as casas de banho fecharem, e durante os séculos seguintes, passou-se a acreditar que os banhos abriam os poros e permitiam que a doença se instalasse; sexo oral pode ter sido uma experiência menos prazerosa, mas isso não deteve o ato, menos ainda a sua criminalização (por séculos era considerada uma espécie de sodomia). Como demonstram os pequenos manuais das 30 mil prostitutas que trabalhavam em Paris no séxulo XVIII, muitas apregoavam que o sexo oral era sua especialidade – apesar dos médicos daquele século considerarem o ato um sinal de insanidade. Curiosamente, o libidinoso James Boswell, sempre queixoso de que as mulheres que ele pegava na rua, em Londres, no século XVIII, passavam-lhe gonorreia, mais de uma vez, de acordo com a evidência de seus diários, deixou de optar pela alternativa mais segura.

Nos anos 1940, Kinsey descobriu que apenas quatro homens casados, em dez, tinham feito sexo oral. Um quarto de século depois, a Fundação Playboy fez um levantamento mostrando que quase dois terços dos homens tinham se beneficiado, sendo nove em dez abaixo de 25 anos. Desde o desempenho de Linda Lovelace no filme *Deep Throat*, a felação começou a ser vista como um fenômeno cultural no Ocidente. Em décadas recentes, sua incidência cresceu de forma exponencial entre os jovens – não mais algo para casais, que provavelmente já tinham tido relações, mas apenas como mais um elemento das preliminares.

Sexo oral, claro, é uma via de duas mãos ("comer o outro é sagrado", escreveu John Updike em *Couples*). E enquanto acontece pelo menos duas vezes mais felação do que cunilíngua entre os não casados, muito por causa da acessibilidade anatômica, às vezes em ambientes estranhos, há um equilíbrio entre fazer e receber para os que têm relação estável. Se existe a inveja do pênis, deveria haver também a da língua do dono do pênis.

As razões pelas quais um homem considera o sexo oral bem feito como de um prazer inenarrável devem-se ao fato de que os lábios da boca de uma mulher são infinitamente mais versáteis do que os lábios de sua vagina; e sua língua flexível, nas palavras de Gerstman, Pizzo e Seldes (*What Men Want*) é o "canivete suíço do sexo"; a boca ainda é assessorada pelos dentes, que podem ser usados para mordiscar e beliscar. Os japoneses chamam a felação de "música da boca"; de fato, uma mulher que conhece seu mister pode tocar flauta no homem.[B] Será que a felação coloca o homem ou a mulher no controle físico ou psicológico? A questão engloba muitas disciplinas "ológicas". Um homem não se importa; ele nunca de fato acredita que é tão sortudo a ponto de uma mulher colocar seu pênis na boca. Somente uma pequena porcentagem deseja ejacular na boca da parceira. A experiência é intensa para aqueles que o fazem: não há necessidade de mudar de posição para o coito, quando o momento da inevitabilidade se aproxima – e eles podem observar seu próprio clímax.

A maioria das mulheres, qualquer que seja a intensidade de seus sentimentos pelos parceiros, e por mais que gostem de fazer sexo oral – dificilmente chegariam ao limite atingido pela já apresentada Jordana em *The Pirate*, que desejava "engolir (Jacques) vivo, para empanturrar-se até a morte, com esta gigante, linda ferramenta" – não conseguem ser persuadidas a permitir a inseminação bucal. Ao contrário do encantamento mostrado por mulheres na pornografia da Internet, muitas têm nojo; a violência dos últimos espasmos do orgasmo podem ser desagradáveis: e, mesmo os donos de pênis admitem, o cheiro e o gosto do sêmen não são agradáveis.

O cheiro daquilo que o médico do século XVIII John Hunter chamou de "enjoativo tipo de substância" foi comparado a algas, almíscar, pólen, flores de amendoeira espanhola ou a uma estufa no verão

– todos podendo ser considerados atraentes – mas, para a maioria das pessoas, com pênis ou não, o cheiro de sêmen lembra, no máximo, o do alvejante que as donas de casa usam. Com relação ao sabor, o Brihat Samhita, antigo tratado astrológico em sânscrito, sugere que pode lembrar o mel; a maioria das mulheres sugeriria peixe, talvez, ou pior: queijo brie que passou do ponto, meias sujas e muco nasal são algumas descrições que surgiram em pesquisas modernas. Em *Purple America*, de Rick Moody, Jane Ingersoll medita que o "soro do homem" tem gosto de "creme dental com molho de soja".

Alimentos diferentes afetam todas as secreções do corpo, e isso se aplica à ejaculação, embora seja possível debater até que ponto isso é verdade. Carne vermelha e laticínios podem resultar no menos agradável dos aromas, lembrando que aspargos, alho e cebola não ficam muito atrás. Cerveja e fumo têm efeito deletério. A maioria dos vegetais, hortelã, salsa, canela e frutas cítricas, por sua vez, podem tornar a ejaculação mais palatável. Nos Estados Unidos, uma bebida em pó é vendida como sendo feita de abacaxi, banana, morango, brócolis e salsão, "a nove vezes suas concentrações normais, junto com três temperos essenciais e uma composição selecionada de vitaminas e minerais", supostamente fazendo o sêmen ficar doce "em apenas 24 horas".

O que é indiscutível é que, se ingerida, a ejaculação média não vai engordar o receptor – contém apenas de uma a sete calorias.

LOCAÇÃO, LOCAÇÃO, LOCAÇÃO

Quantas posições existem para um homem e uma mulher terem relações? As grandes literaturas antigas da Índia, China, Japão e Arábia tinham obsessão por calcular as permutações, com algumas tentativas chegando a centenas.

Os gregos clássicos, de forma pragmática, argumentaram que deveria haver cerca de 12. Eles não se preocuparam em descrever todas elas (uma delas era chamada "o leão no ralador de queijo", o que ainda deixa os especialistas inseguros). Mas a fisiologia básica e a eliminação da improvável ginástica – como a do Kama Sutra "batendo o prego", em que uma mulher deitada de barriga para baixo estica uma das pernas enquanto coloca a outra no topo de sua cabeça – torna difícil de comparar com as mais conhecidas: homem em cima, ou embaixo, mulher em cima ou embaixo, face a face com seu parceiro, ou ao reverso; lado a lado, face a face, ou com a mulher ao reverso; um ou outro ajoelhado, ou sentado, mulher de quatro, seu parceiro por trás dela; ambos em pé, ou só o homem – usando ou não a mobília como apoio, uma aparente fixação para os chineses.

Só devia haver uma posição, de acordo com a igreja medieval na Europa, sendo pervertido algo que fosse além do homem em cima da mulher. Os elisabetanos mais tarde advogaram essa posição, principalmente porque acreditavam que o sexo face a face distinguia o sexo humano da bestialidade (eles teriam ficado horrorizados ao saber que chimpanzés pigmeus [bonobos], orangotangos e ocasionalmente gorilas desfrutam de um pouco de atividade ventre-ventral). Não há sexo com a mulher por cima em Shakespeare, mas isso não significa que não havia mulheres por cima na Inglaterra do bardo.

De acordo com antigas fontes, interpretações de arte antiga e estudos antropológicos, a que hoje é chamada universalmente de posição missionária era adotada com frequência nas primeiras grandes civilizações somente quando a concepção era desejada, já que a convicção médica alegava que assim ficava assegurado "o fluxo apropriado de sêmen". Mas no quesito sexo por prazer, essa posição não era muito bem cotada na lista dos sumérios, indianos, persas, romanos e gregos, todos favoráveis ao sexo com a mulher por cima – a cortesã/prostituta grega *hetaira* cobrava o maior preço pela posição "cavalo de corrida", em que ela montava de pernas afastadas sobre o cliente.

Se os gregos tinham, de fato, preferência por sexo anal heterossexual, assim como homossexual, agora se analisa, sob o ponto de vista da mulher, que o ato obviamente apresentava a vantagem de proteger contra a gravidez, e as prostitutas, de alto a baixo da escala social, certamente tinham preço para isso. O certo é que os homens preferem entrar por trás no sexo vaginal, em geral para "rapidinhas" na rua, com a mulher se curvando contra o corpo de quem a penetra (o mais barato), ou apoiando as mãos em seus joelhos, ou nos pés (mais caro).

Coincidentemente, sexo vaginal com penetração por trás não era peculiaridade dos gregos: um estudo antropológico publicado há 60 anos identificava oito povos primitivos pelo mundo que o praticavam naquele tempo, "restrito a breves e súbitos encontros nas florestas".

Tradicionalmente, as preferências para o coito na vasta área das ilhas do Pacífico, assim como em partes da África (em especial a Etiópia), tinham, de novo, diferentes opções: a posição mais popular envolvia a mulher deitada, com o homem de cócoras entre suas coxas. Em uma variação, o homem senta na posição de lótus, a mulher também, a face voltada para ele, enquanto agacha sobre suas coxas.

Os ilhéus acharam o jeito europeu indecente e engraçado. Kinsey, interpretando mal o jornal de um antropólogo dos anos 1920 que viveu entre os trobriandeses, em 1948 escreveu que os missionários cristãos haviam instruído os nativos de que somente o intercurso com a mulher deitada de costas sob o homem era permitido. Mas os missionários não tinham dito nada disso. O que acontecera é que os nativos tinham parodiado os europeus, brincando que os evangelizadores é que os teriam forçado a adotar essa posição ridícula. O erro de Kinsey não está cá nem lá – exceto pelo fato de ter dado à posição, antes conhecida no mundo moderno como "homem por cima" ou "matrimonial", uma nova denominação popular.

Hoje, a posição missionária é a mais comum em todo o mundo, do Ocidente ao Oriente. Sua popularidade tem sido atribuída à necessidade do homem de se sentir dominador e da mulher de se sentir submissa; sendo o sexo face a face (e coração a coração), aparentemente o mais íntimo. De um ponto de vista fisiológico, parece ser o modo mais natural de conexão entre os corpos masculino e feminino. Em *Purple America*, Jane Ingersoll faz a reflexão de que "o estilo missionário é sem graça como um mingau de aveia". Mas não precisa ser assim, sem imaginação – adotá-lo não elimina outras variantes. Algumas pessoas nunca tentam de outra forma. Outras são mais aventureiras – "Três quartos do amor", escreveu Casanova, é a curiosidade.[c]

A MECÂNICA VIOLENTA

Feministas, incluindo a escritora e acadêmica Germaine Greer, objetaram o uso da palavra "foder", alegando que seu significado original era "atacar", o que faria da relação sexual um ato de violência contra as mulheres. Mais tarde, cansada de ouvir o habitual uso de "foder" em quase todos os contextos, Greer sugeriu a reintrodução de "swive", uma alternativa com história etimológica mais longa (e seu significado original era não violento, "girar").

Mas a relação sexual pede vigor físico – ou violência, uma diferença semântica pequena – por parte do homem para atingir o clímax; não por acaso os gregos antigos denominavam o intercurso como "a mecânica violenta". Eis porque, desde o momento da penetração, quem tem pênis percorre seu caminho para a ejaculação em cerca de 4 minutos – o intervalo de tempo que tem sido aceito por gerações de sexólogos.

Mas um levantamento realizado na Grã-Bretanha, nos Estados Unidos, na Espanha, na Holanda e na Turquia, publicado no *Journal of Sexual Medicine*, relatou uma média de 5,4 minutos. Esse achado, todavia, era baseado em automedição de tempo, o que pode merecer tanta confiança quanto a automedição do comprimento do membro (os casais recebiam cronômetros – sendo que os britânicos obtiveram o resultado mais longo, 7,6 minutos, os turcos, o mais curto, 3,4 minutos). De acordo com outra pesquisa, feita entre terapeutas sexuais, baseada nas respostas de seus clientes, homens e mulheres, o "desejável" seria de 7 a

13 minutos, sendo adequado de 3 a 7, e, de 1 a 2, "muito rápido" – mas não raro naquele domingo de manhã cheio de preguiça, com a perna passada por cima, ou dando uma "rapidinha". De novo, em um romance de Rick Moody, *Ice Storm*, um homem faz sexo com a mulher de seu amigo no banco da frente do Cadillac dele "em menos tempo do que o necessário para degelar o para-brisas".

Coito e cópula, termos modernos para a relação sexual, dificilmente são expressões do dia a dia. Mas, ao longo de toda a história, o povo quase sempre preferiu expressões de gíria, a maioria vulgar – e muitas com conotação "violenta".

Houve períodos em que as palavras usuais aceitáveis eram, de fato, as mais comuns. O mais antigo e menos conhecido hoje era "sard", registrada primeiro por anglo-saxões, utilizada até o século XVII, que coexistia com *swive*, o coloquialismo mais popular por quase 600 anos, de Chaucer até os últimos vitorianos ("Não tomar banho com o estômago cheio", advertia um livro de autoajuda de 1896, "nem girar"). Outra palavra encontrada de maneira formal no contexto diário era "fazer graça" (século XIII), que sumiu, passando a significar "piada de mau-gosto" tão logo a nova acepção ficou estabelecida. "Ocupar" é um termo curioso em seu significado no século XIV, embora hoje tenha a séria acepção de "possuir", mas que se tornou vulgar por 300 anos, até tornar-se respeitável outra vez. Mais de 200 gírias para intercurso sexual estão registradas em inglês, da época antiga, média, e moderna. Muitas vieram e voltaram, e existem hoje só nos dicionários de arcaísmos: por exemplo, *plough* (ou arar, que remonta a gregos e romanos); "raiz", o mais velho, "enraizar"; e *foin* (do antigo francês para peixe-espada; dar uma espadada, empurrar).

De qualquer forma, muitos termos antigos ainda permanecem, incluindo *shag*, do século XVI (Shakespeare preferia a variação *shog*), *grind* (moer, na era elisabetana era "dar uma moída"), *knock* (socar, hoje usado em inglês com as preposições *off* ou *up*) – e *fuck* (foder, que Shakespeare nunca usou). *Hump*, ou corcovear, era moda no século XVII; *roger and bang* (as prostitutas eram *bangtails*, ou cavalos de corrida e *roger* era um dos apelidos do pênis) no século XVIII; *poke*, *shaft* e *screw* (cutucar, empurrar com um bastão ou parafusar) no século XIX. Na Bíblia do rei James e em Shakespeare, usou-se "mentir com", que desapareceu, apesar da confusão entre os verbos mentir e deitar que deu origem ao eufemismo preferido nos Estados Unidos, *laid*[5].

As contribuições do século XX para o léxico incluem *bonk* e *boff*, que, assim como foder, significavam bater ou golpear, e ainda significam. *Fuck*, porém, além de ser a imprecação mais frequente – e funcionando praticamente como qualquer palavra da frase – continua sendo o termo mais frequente para relação sexual. Às vezes a variante *frig* (que também é gíria para masturbar) é usada. Quando jovem, Norman Mailer foi persuadido a substituir *fuck* por *fug* para a publicação de seu primeiro romance *The Naked and the Dead*, em 1948. "Então você é o garoto querido", exclamou a atriz Tallulah Bankhead ao encontrá-lo, "que não sabe soletrar fuck".[D]

No século XVIII, prostitutas indianas gozavam da pressa que os homens europeus tinham para ejacular, e debochavam deles chamando-os de "paus de estrume"; elas estavam acostumadas com algo melhor, pelo menos com os clientes educados, de alta casta. Como as literaturas eróticas budistas, hindus e outras deixam claro, o prazer de uma mulher deveria ser central na atividade sexual, e um homem deveria aprender a segurar o clímax, para que ela pudesse ter tantos orgasmos quantos desejasse. Por meio das técnicas de meditação espiritual sexualmente orientadas, ensinadas durante milênios pelos mestres tântricos e taoístas, um homem pode copular sem chegar ao clímax por um tempo considerável, quase indefinidamente. E ele consegue isso primeiro ao considerar que orgasmo e ejaculação não são a mesma coisa. A ejaculação ocorre no pênis, o orgasmo no cérebro – que, claro, comanda a ejaculação. Kinsey destacou esse fato; e o de que a metade dos meninos de cinco anos têm orgasmos, muito antes da idade ejaculatória. Master e Johnson

---

[5] N. da E.: Respectivamente *lie* e *lay*, em inglês. *Laid* é o particípio de *lay*, deitado.

mais tarde descobriram que, em alguns homens, a ejaculação não ocorre até alguns segundos após o orgasmo, o que torna indiscutível que as duas funções sejam separadas, embora na maioria, sejam simultâneas.

Os imperadores da China antiga tinham bons motivos para manter um autocontrole rigoroso. Eles precisavam ter 121 mulheres, um número preciso que teria propriedades mágicas, e deveriam fazer amor com dez delas todas as noites (suas secretárias de sexo guardavam os registros), o que seria impossível caso eles tivessem chegado ao clímax em todos os encontros. Em tempos mais recentes, o rei Ibn-Saud, da Arábia Saudita, primeiro rei saudita, praticava o mesmo controle – ele dormia com três mulheres diferentes todas as noites desde os 11 anos, até sua morte em 1953. Outro foi o príncipe Aly Khan, o *playboy* internacional filho do líder muçulmano ismaelitas que nos anos 1940 e 1950 tinha mais de mil casos amorosos na Europa e Estados Unidos, com a reputação de fazer, com frequência, amor com uma mulher em seu carro, enquanto estava sendo conduzido entre os apartamentos de duas outras. Aly permitia-se chegar ao clímax não mais do que duas vezes por semana, por medo de ficar debilitado.

Em décadas recentes, alguns homens europeus alegaram ter aprendido a se tornar multiorgásmicos, tendo muitos orgasmos com apenas uma ereção, e até aspiraram a um êxtase sexual verdadeiro – um estado orgásmico em que, afirma-se, o clímax percorre não apenas os genitais, mas o corpo inteiro, até mesmo a pele. Diz-se que os devotos do sexo tântrico (em destaque o cantor pop Sting e sua mulher Trudie Styler) são capazes de fazer amor por até cinco horas contínuas, o que a maioria das pessoas pode achar um pouco demais.

Há ocasiões em que todo possuidor de pênis quer prolongar sua atividade. Mais usual é colocar um freio nos procedimentos, parando de mexer, pedindo à parceira para ficar parada ou pensando em alguma coisa diferente, e quanto mais mundana melhor; ou eles diminuem a temperatura em um ponto ou dois, saindo antes de começar a ejaculação. Mais arriscados são os que chegam ao ponto máximo e então tentam segurar sua resposta, espremendo a base do pênis, ou pressionando forte um ponto de acupuntura do períneo, a meio caminho entre o reto e o escroto, ou puxando seus testículos, que levantam durante o processo que leva ao clímax, para o fundo do escroto. Todas essas ações, conhecidas por séculos, podem ajudar até certo ponto. Alguns vão longe a ponto de usar múltiplas camisinhas, ou uma delas tratada com um anestésico leve, para embotar a sensação – o que poderia derrotar o objeto do exercício. Walt Disney, às vezes, mergulhava o escroto em gelo para prolongar o sexo com sua mulher.

Mas quer o possuidor de pênis tenha segurado o orgasmo porque é um bom amante, que quer garantir a satisfação de suas parceiras; quer o controle o tempo da transa para que o tão infrequente orgasmo simultâneo aconteça ou tenha visado seu próprio prazer, ou o dela, ou de ambos – o momento chega quando ele não consegue mais segurar. Uma múltipla resposta surge em seu corpo. Sua pressão diastólica, que em geral pode ser tão baixa quanto 6,5, sobe para cerca de 16, e a sistólica, de 12 para 25. Sua pulsação, em geral de 70 a 80 por minuto, chega a algo como 150 a 250. Sua respiração fica mais rápida por falta de oxigênio. Seu olfato e paladar diminuem, a audição fica prejudicada e seu senso de visão estreita tanto que ele pode não ser capaz de ver objetos a seu lado. Seu escroto encolhe, seus testículos incham por vaso-congestão – com frequência, metade de seu tamanho normal, mas em alguns homens, o dobro – e elevam-se, em muitos casos fazendo força contra o corpo do pênis, em poucos casos, chegando a desaparecer na cavidade abdominal.

O seu movimento na penetração torna-se mais curto, mais rápido, mais furioso. O primeiro dos órgãos sexuais acessórios, as glândulas de Cowper, entram em ação. Esses órgãos, do tamanho de uma ervilha, que ficam logo à frente da próstata, secretam uns poucos pingos de um muco alcalino que neutraliza a uretra de qualquer tipo de urina, que, sendo ácida, poderia danificar o esperma prestes a seguir o mesmo caminho. Essas gotas ficam na abertura da uretra e podem carregar um pouco de sêmen, podendo causar gravidez – quem pratica o coito interrompido antes de ejacular pode não estar tão seguro. (Ironicamente, a secreção foi chamada de "destilado do amor", assim como, com ironia, o coito interrompido foi chamado de "Roleta do Vaticano"). Enquanto isso, a próstata e as vesículas seminais, ligadas a ela como asas, estão bombeando um fluido leitoso, rico em proteínas, na câmara do disparo, na base da uretra, um meio suspenso para carregar o esperma que os dutos vaso deferentes estão entregando simultaneamente a partir do epidídimo em forma de vírgula, no alto de cada testículo, onde maturaram. O esfíncter entre a próstata e a bexiga se fecha, como um desvio de linha de trem, de forma que o sêmen não descarregue na bexiga.

A próstata tem espasmos.[E]
Os nervos espinhais vibram
Contrações ondulam pela uretra.

E com os últimos movimentos da cópula, o sêmen é expelido do pênis, em três a oito jatos, "a mais doce sensação da vida de um homem" (*What Men Want*).

A força com que o sêmen sai do pênis depende especialmente de quão potentes são os espasmos da próstata. Monitorações clínicas de homens durante a masturbação mostraram que, na maioria deles, o sêmen meramente flui ou espirra dois centímetros e meio ou até o dobro. Em alguns, todavia, em especial e não supreendentemente entre os jovens, chega a viajar 60 a 90 centímetros. Kinsey registrou raros exemplos de homens adultos cuja ejaculação atingiu de 1,8 a 2,4 m.

Alguns homens relacionam ejaculação abundante com masculinidade – assim como podem relacioná-la a um pênis grande – e, em consequência, têm uma ideia exagerada a respeito de seu próprio volume; eles podem, erroneamente, acreditar que quanto maior o volume, maior o prazer da mulher. Um cartum de Cruikshank sobre Sir William Hamilton, sua esposa Emma e seu amante Horatio Nelson representam bem ambas as noções. Enquanto Sir William tenta em vão acender um cachimbo muito pequeno e Nelson dá baforadas vigorosas em um cachimbo que, além de fálico, chega até o chão, Emma observa: "O cachimbo do velho está sempre apagado, mas o seu queima com pleno vigor". Ao que o herói naval britânico responde: "Sim, eu vou soltar essa fumaça e colocar toda a força dos canhões de bordo dentro de você".

O grupo pop dos anos 1970 chamado 10cc escolheu esse nome depois de calcular que essa fosse a média da quantidade de uma ejaculação. De fato, é de 2 cc a 5 cc – menos do que uma colher cheia.

Após o coito, por um momento, ou por minutos, de forma suave ou intensa, os corpos dos parceiros têm um espasmo. O orgasmo da mulher pode ser uma onda passageira ou um ruidoso tsunami, superando o do homem, que é bem constante, qualquer que seja a intensidade ou qualidade do sexo. No extremo, os homens estão mais para dobrar seus joelhos, gemer ou gritar como se "sofrendo os extremos de uma tortura" (*An Analysis of Human Sexual Response*, Ruth e Edwar Brecher) – provavelmente eles empregaram mais esforço, embora breve, e têm maior massa muscular de onde a tensão precisa ser aliviada. Mas algumas mulheres entram na mesma convulsão violenta, revirando os olhos, batendo, socando ou chutando seus parceiros, sem sentir a dor que infligem a si próprias, agitando-se por centímetros ou metros; algumas poucas, de reação intensa, perdem a consciência, por segundos ou mais tempo – não é de admirar que os franceses chamem o orgasmo de *petite mort* (pequena morte).

Portanto, o retorno à normalidade após o clímax reverte as mudanças fisiológicas, baixa as tensões neuromusculares, a pulsação e a pressão sanguínea, faz o sangue retornar à circulação e o pênis murchar, reduzindo ou se retirando em pequenos saltos, como alguém engatinhando para trás, com cuidado. Como foi a experiência para ele, na verdade? Ou para ela?[F] Somente ele ou ela são capazes de responder a isso, e suas respostas podem ser diferentes com respeito à mesma ocasião, caso o sexo seja perfunctório ou prolongado, de rotina ou desagradável, suave ou duro, ou uma combinação de algumas dessas palavras, ou de todas elas; mesmo assim, são provavelmente inadequadas para capturar a complexidade do sexo. O que as palavras podem dizer é que o sexo é bom para um, para o outro, ou para ambos, quando o desejo e o amor estão em sincronia, o cérebro anestesiado, o corpo saturado de sensibilidade, peles quentes em contato, pernas enlaçadas, o universo nos olhos do amante – um estado que, como Alex Comfort descreve, "enquanto o pênis é enfaticamente dele, também acaba por pertencer a ambos"[G].

Exceto os homens muito jovens que conseguem manter a rigidez plena por até meia hora depois do orgasmo e muito poucos possuidores de pênis, de qualquer idade, que mantêm a rigidez por até meia hora e que, caso a atividade sexual recomece, podem atingir outro orgasmo, ou vários, sem ejaculação, virtualmente todos os homens entram em um período refratário após o sexo, durante o qual eles não conseguem responder aos estímulos sexuais de qualquer tipo. E nesse período, por um tempo, seus pênis ficam tão sensíveis que um estímulo adicional pode ser desagradável e até dolorido. Os manuais de casamento do século XIX recomendavam que um homem que atingisse o orgasmo antes de sua mulher deveria prosseguir com os movimentos do coito, até que ela estivesse satisfeita, mas para quase todos os homens isso é fisicamente impossível. E aqui está um dos maiores desacertos entre os sexos: as mulheres não apenas podem prosseguir com um orgasmo se estimuladas a isso, como não têm uma fase não reativa tão definida: a descida delas das alturas segue uma curva bem suave – e elas querem afeto e conversa. Os homens, por sua vez, cujos esforços podem ser às vezes comparados com trabalhos forçados ou com o dispêndio de um atleta no auge do esforço, descem o declive íngreme do morro.

"Acho que os homens falam com as mulheres para dormir com elas, e as mulheres dormem com os homens para falar com eles", observou o romancista Jay McInerney certa vez. Claro que os homens podem tentar se acomodar, beijar e fazer carícias, murmurar doces palavras vazias; e às vezes fazem isso, fazem mesmo. Ficar sem reação não significa que não tenham sentimentos. Mas, a menos que não sejam tomados por um desejo insuperável de se levantar, só pensarão mesmo em dormir. Não há como evitar isso: o hormônio prolactina, produzido na ejaculação, traz uma enorme necessidade de dormir, para que o glicogênio que produz energia, esvaziado pela relação, possa ser restaurado em seus músculos. Além disso, quanto mais satisfeito estiver o homem com o seu desempenho (seu corpo está inundado do neurotransmissor do bem--estar dopamina), maior a possibilidade de ele se mandar.

DOS BENEFÍCIOS

O pênis ereto não apenas pode dar gratificação sexual, mas, como mostram diversos estudos, pode contribuir para a saúde e o bem-estar do doador e do receptor. Vários hormônios e outras químicas liberadas antes, durante e depois do orgasmo ajudam a baixar a pressão arterial, baixam o colesterol ruim, melhoram a circulação, aliviam a dor e afastam o estresse – um estudo sugere que a relação sexual pode ser equivalente a até dez vezes o efeito da ingestão de um Valium. Fazer amor também pode ajudar a reparar os tecidos, promover o crescimento dos ossos, queimar calorias (em média de 85-150 em 30 minutos de atividade), assim como diminuir a atração por comida, ao incrementar uma anfetamina que regula o apetite. E ter sexo pode até melhorar o poder do cérebro – uma transa intensa encoraja as células do cérebro a criar novos dendritos, os filamentos ligados às células nervosas que permitem a comunicação dos neurônios entre si; há evidências de que os idosos que são sexualmente ativos têm menor possibilidade de ficar dementes.

As mulheres ganham benefícios adicionais: o intercurso ajuda a conservar a pele elástica, com menos rugas, estabiliza seus ciclos menstruais e reduz as ondas de calor da menopausa – mulheres que fazem sexo envelhecem mais devagar que as que não o praticam. Mas os homens também têm benefícios adicionais. A atividade sexual regular reduz o risco do câncer de próstata e, nos mais velhos, a possibilidade de desenvolver um aumento benigno da próstata. E a atividade regular ajuda a atingir a longevidade: um estudo que acompanhou a mortalidade de cerca de mil homens em uma década concluiu que aqueles que faziam sexo duas vezes por semana tinham a metade do risco de um ataque cardíaco fatal em comparação com aqueles que faziam sexo uma vez por mês.

CAPÍTULO 3

A "PRECIOSA SUBSTÂNCIA" REVISITADA[H]

A pele do escroto é mais fina do que a pele de qualquer outra parte do corpo – de fato, contra um foco de luz concentrado em um ambiente escuro, é translúcida. Uma colaboradora da revista *FHM* escreveu que gostava de andar de gatinhas sob o edredom com uma lanterna, para observar "como a pele do escroto vira e mexe, suave, fazendo e desfazendo texturas na superfície, em diferentes e fascinantes arrepios".

O cerebelo do cérebro é "corrugado" para aumentar sua superfície e permitir mais RAM cognitivo, e a pele do saco escrotal também é enrugada (o que em *Fanny Hill* Cleland, de forma dúbia, descreveu como "as únicas rugas conhecidas que são do agrado de quem as tem"), mas com diferente propósito: evitar a perda de calor e conservar o esperma três graus abaixo da temperatura do corpo. O corrugado quase dobra a superfície do saco escrotal – Rabelais brincou com isso, quando Panurge encontra o nobre Valentine Vladiere coçando "suas bolas, espalhadas em uma mesa à moda de um manto espanhol".

Dentro do escroto, os testículos produzem espermatozoides na estonteante base de 70 milhões por dia. Elas são as únicas células humanas projetadas para viajar fora do corpo e constituem apenas 1% a 5% da ejaculação, o resto são os fluidos das vesículas prostática e seminal que dão a eles a energia para sua viagem. Ao toque, os testículos parecem massas sólidas, mas essas duas glândulas duras são como o interior de bolas de golfe, consistindo de uma massa de finos tubos onde o esperma é fabricado, um processo que demora entre dois e três meses. Se desenrolados e ligados de ponta a ponta, esses dutos dentro do testículo se estenderiam por mais de 600 metros.

O espermatozoide é transportado de forma contínua, dos testículos para o epidídimo, onde matura, ganha mobilidade e as propriedades bioquímicas para fertilizar um óvulo, e então permanece em uma plataforma de lançamento aguardando ordens. Caso não seja ejaculado, passa por autólise: dissolve e é reabsorvido pelo corpo – o que bastou para que Baden Powell, nos anos 1920, dissesse aos masturbadores masculinos: "Vocês estão jogando fora a semente que lhes foi passada como um patrimônio, em vez de guardá-la e amadurecê-la, para que lhes dê um filho, mais tarde".

Expectativa de vida do esperma: um mês na zona de lançamento, dois dias dentro do corpo da mulher e talvez dois minutos nos lençóis.

Um esperma saudável consiste de três partes: cabeça, parte média, que é a sua casa de força, e uma cauda. Dentro da cabeça, que tem a forma de um remo, oval no perímetro mas achatada, está seu pacote de DNA. A cabeça veste uma espécie de touca contendo enzimas para derreter a membrana que envolve o óvulo feminino.

Na ejaculação, o esperma mais velho é o primeiro a sair, mas os mais novos, que estão atrás – chegam em estocadas posteriores – e ganham dele na corrida para o muco cervical. Se uma mulher não está ovulando, o útero e seu colo, os sumos de sua vagina e as trompas de falópio são ácidos, e o ácido mata o esperma. Mas durante o curto período em que ela está ovulando, os sumos, em geral espessos, se tornam claros e alcalinos, dando luz verde ao esperma.

Nos últimos 50 anos, a contagem de esperma reduziu-se à metade (de cerca de 200 milhões por ejaculação para cerca de 90 milhões) e estão diminuindo de 1% a 2% ao ano. Cientistas identificaram numerosas causas possíveis, incluindo os produtos químicos que imitam a ação do hormônio feminino estrógeno e são encontrados em plásticos, tintas, revestimentos de latas de comida industrializada, fraldas descartáveis e pesticidas.

O estrógeno sintético participa da constituição de muitas drogas, é base para a pílula anticoncepcional e chega até o abastecimento de água. O calor também tem implicações: o esperma do homem que consome longas horas sentado em veículos motorizados decresce em número e vigor – uma situação considerada pior para os que têm os bancos do carro aquecidos. O calor de laptops equilibrados nos joelhos também apresenta uma ameaça.

Mas, em 2009, o biólogo evolucionista Oren Hasson, da Universidade de Tel Aviv, entrou no debate dizendo que o estilo de vida estressante e a poluição não explicam os níveis a que chegou tal queda. Ele sugeriu que o culpado é o "polisperma" – os homens agora produzem um superespermatozoide tão vigoroso que passa correndo pelas defesas que o corpo da mulher possui. Quando um espermatozoide entra em um óvulo e seus cromossomos se fundem, todos os demais supostamente ficam de fora. Hasson sugere que o superespermatozoide pode ser tão poderoso a ponto de mais de um conseguir entrar, destruindo o óvulo – um pequeno consolo, talvez, para homens que não conseguem ser pais devido ao fato de seus "meninos" serem viris em demasia.

Deve surpreender a maioria dos homens saber que mesmo para os mais saudáveis, nem todos os seus espermatozoides são aqueles atletas elegantes que eles imaginam: até 50% dos espermatozoides têm defeitos morfológicos, ou uma mobilidade baixa (ou nenhuma). Apenas um quarto deles em uma ejaculação nada com força suficiente – no parâmetro médio de 1,5 milímetros por minuto, com uma velocidade comparável à de um nadador em termos relativos – para atingir o alvo.

Nos anos 1990, o biólogo evolucionista Robin Baker causou considerável controvérsia quando anunciou que apenas 1% dos espermatozoides têm alguma chance de ser um "ganhador de óvulos" – ele acreditava que havia dois outros tipos, majoritariamente, que não foram criados para a fertilização: o espermatozoide matador, que fica em guarda para atacar o espermatozoide de outro homem, se necessário, e os bloqueadores, que juntam suas caudas enlaçadas para formar barreiras contra algum rival desse tipo. De novo, de acordo com Baker, o espermatozoide que não consegue um óvulo troca de papel quando fica velho. A maioria é matador quando jovem e bloqueador quando velho. Enquanto os matadores precisam estar plenos de energia e movimento, os bloqueadores precisam apenas da energia suficiente para nadar para fora do poço seminal, e viajar um pequeno trecho até o colo do útero.

A comunidade científica tem sido incapaz de reproduzir as propostas de Baker, que agora parece desacreditado.

Mas Baker liderou o campo ao reconhecer porque os homens produzem tanto esperma – o bastante em uma ejaculação para, na teoria, inseminar todas as mulheres reprodutivas do mundo. A resposta, com suas origens no passado evolucionista, é a competição. Quando as fêmeas acasalavam com inúmeros machos, o espermatozoide precisava competir para fertilizar um óvulo – e quanto mais um macho produzisse, melhores eram as suas chances.

Platão, em sua obra *República*, sugeriu que os guerreiros deveriam escolher as suas donzelas, porque seus espermatozoides aperfeiçoariam a qualidade da raça. O geneticista ganhador do Prêmio Nobel de 1946 Hermann Muller, tinha uma visão similar – mas prestigiando cérebros, não músculos.

Muller defendeu por muito tempo a ideia de criar bancos de esperma em que as doações de homens brilhantes seriam estocadas. Nos últimos anos da década de 1970, um milionário californiano, Robert Graham, crente que "humanos retrógrados" estavam diluindo gradualmente o conjunto de genes, seguiu o conselho de Muller, estabelecendo seu Repositório para Escolha Germinal.

Graham, famoso como inventor das lentes de óculos inquebráveis, vendeu sua empresa e concentrou-se na ideia do conjunto genético, convencendo três ganhadores de prêmio Nobel a ser doadores. Mas o esperma mais velho, embora eminente, mostrou-se inadequado para o congelamento e Graham voltou-se para os jovens cientistas de universidades, e até ganhadores de ouro olímpico. Importante, os doadores precisavam ter QI de cerca de 180 (estima-se que só haja 20 pessoas na Grã-Bretanha com esse nível de inteligência).

Graham foi acusado de ser um eugenista, mas as mulheres – inteligentes e bem de vida (Graham anunciava na revista *Mensa*) – vieram aos bandos. A identidade dos doadores ficava em segredo, mas informações como peso, altura, idade, cor dos olhos, pele e cabelo e características hereditárias eram fornecidas, a partir das quais as mulheres podiam fazer sua escolha, como acontece com as mulheres que buscam um doador nos dias de hoje.[1]

Esse esperma, propriedades "fecundantes" à parte, influencia a saúde da mulher, o que em psicologia não é uma hipótese nova – vem dos gregos antigos e chineses e foi apregoada através dos tempos. Na Inglaterra da Restauração, meninas adolescentes que sofriam com frequência de anemia eram informadas de que se curariam quando o casamento as permitisse receber infusões regulares daquele líquido. Marie Stopes, pioneira do controle de natalidade na Inglaterra, dizia a mesma coisa, afirmando que "as secreções estimulantes que acompanham o sêmen masculino" eram altamente benéficas quando as mulheres as absorviam – por isso ela não gostava de camisinha (de fato, em um caso de divórcio de 1872, uma esposa fez uma queixa de que, por usar camisinha, seu marido punha em risco a saúde dela). No mesmo período, Walter (*My Secret Life*) expressou sua crença de que "a lubrificação espermática traz saúde à mulher" (fazendo parecer, talvez, uma bebida energética, como Lucozade). Comprimidos contendo extrato de sêmen eram vendidos pelos farmacêuticos em Chicago, no começo do século XX; e durante a Primeira Guerra Mundial, os médicos de Harley Street prescreviam o "tratamento secreto masculino" para esposas sem acesso à sua fonte usual pela ausência de seus maridos em trincheiras.

Se a noção de sêmen como um tipo de "levanta defunto" parece absurda, um estudo conduzido pela State University of New York em 2002 sugere o contrário. Pesquisadores concluíram que as mulheres que absorvem sêmen pela vagina têm menos depressão do que aquelas cujos parceiros usam camisinhas – e são duas vezes menos sujeitas a tentar o suicídio do que aquelas que nunca fazem sexo. A equipe de pesquisa considerou a frequência com que as mulheres do estudo têm relações sexuais, a força de seus relacionamentos, suas personalidades e o uso de anticoncepcionais orais, concluindo que todos esses fatores eram irrelevantes. Sêmen foi o único fator em jogo. Um estudo mais recente concluiu, experimentalmente, que engolir sêmen ao prover sexo oral dá à mulher alguma proteção contra câncer de mama e pré-eclâmpsia, o perigoso distúrbio causado por pressão alta associada à gravidez.

O sêmen contém não apenas hormônios que alteram o humor, fazendo as mulheres felizes – é holístico também.

CAPÍTULO 4

UM POUCO DE ARITMÉTICA DO SEXO

Pode ser verdade que Warren Beatty tenha tido sexo com mais de 12 mil mulheres, que o escritor francês Georges Simenon teve sexo com mais de 10 mil (a maioria das quais ele precisou pagar, pense nisso); que o ditador italiano Mussolini teve sexo com uma mulher diferente todo dia por 14 anos. Os ricos e famosos têm uma história de excesso sexual. Esses possuidores de pênis foram chamados de mulherengos; hoje, o mais provável é serem rotulados como viciados em sexo, e absolvidos de suas transgressões por toda uma nova indústria que se formou para tratar deles. Será que existe de fato o tal viciado em sexo, análogo ao viciado em álcool ou drogas? Ou – questões morais à parte – ter relações com inúmeras mulheres não seria algo natural que seria feito pela maioria daqueles que têm pênis, se tivessem dinheiro e fama (ter boa aparência seria mais uma opção?).

A mudança nos costumes sexuais indica que o dono de pênis de hoje, em média, deverá ter mais encontros sexuais do que o equivalente da geração anterior. Um estudo de uma universidade americana sobre a promiscuidade internacional, conduzido em 2008, cobriu o sexo de uma noite só, os "acasalamentos curtos" e as relações mais duradouras, para encontrar aquilo que psicólogos evolucionistas chamam de "sociossexualidade" – uma medida de quão liberais estão as pessoas, em pensamento e comportamento. Nesse estudo, a informação extrapolada sugere que no mundo ocidental os finlandeses parecem ser aqueles que têm mais parceiros sexuais ao longo da vida – 51; os britânicos ficaram em 11º, com 40. Mas esses achados foram uma projeção. Dados coletados entre 1999 e 2002 para o *US National Center for Health Statistics* indicaram que até aquele período de suas vidas, um terço dos americanos que possuem pênis tinham tido 15 parceiros, sendo a média de sete. Um levantamento detalhado na Inglaterra em 2002 concluiu que o dono de um pênis médio, em Londres, também declarava 15, com os de fora de Londres declarando 12 - ambos os números crescendo a cada ano. Verdadeiro ou falso? De acordo ainda com outra pesquisa, a projeção desses números poderia ser reduzida à metade; quem tem pênis mente até para si próprio (assim como quem não tem, mas na direção oposta – elas subestimam sua contagem, para não serem estigmatizadas como promíscuas).

A contagem semanal de orgasmos pelos homens, embora alcançada, depende da idade, mas é muito individual. Para além dos adolescentes que se masturbam quando têm o desejo de descarregar, todo dia ou mesmo muitas vezes por dia, a média semanal de um adulto sexualmente ativo – um intervalo indeterminado – é de dois a três, uma constante que atravessa culturas e séculos. (Como em tudo, há exceções. Kinsey descobriu um homem que tinha 33 orgasmos por semana, em média, durante 30 anos).

No casamento ou em outras relações alguns possuidores de pênis com até cerca de 30 anos de idade chegam a ter três, talvez quatro, relações em uma noite[j], mas a média na vida adulta ativa é de duas vezes por semana, embora a pesquisa global Durex, feita desde 2006, sugere um número global de 127 atos sexuais por ano. Mas um detalhamento por indivíduos de cada nacionalidade revela resultados flutuantes, com os húngaros, búlgaros e russos liderando com 150, seguidos pelos suecos (102), malaios (100) e cingapurenses (96). Os japoneses parecem ser os menos satisfeitos com suas vidas sexuais.

Com que frequência o dono do pênis atinge o orgasmo coital, em quaisquer situações, é um número bastante previsível: a norma histórica é de 1 ou 2 vezes.

Mas enquanto alguns nunca desejam mais do que um simples orgasmo, qualquer que seja a idade, dois não são suficientes para outros, três estão dentro da norma, embora dificilmente em uma escala diária, e algo acima disso é excepcional. James Boswell, em seu *London Journal*, notou que em um encontro com "Louisa", em 1763, ele "ficou perdido em um supremo prazer", 5 vezes. Em décadas recentes, os tabloides britânicos julgaram que Sir Ralph Halpern, o primeiro executivo britânico a ganhar um milhão de libras, e o inventor Sir Clive Sinclair mereceriam uma manchete em letras garrafais, depois que jovens amantes revelaram que eles eram homens de cinco vezes por noite, embora já estivessem na faixa etária dos 50 anos; mais manchete para uma dançarina inglesa de *lap dance*, que declarou que o futebolista brasileiro Ronaldinho tinha chegado (naturalmente) a 8 vezes com ela, em uma noite. Somente oito? O romancista francês Victor Hugo, sexualmente hiperativo por toda sua longa vida, disse que fez amor com sua mulher 9 vezes em sua noite de núpcias. Nove? De acordo com antropólogos, 10 vezes por noite não é extraordinário para os polígamos chaggi da Tanzânia. Dez? A atriz sexualmente voraz Mae West, que tinha um desprezo bem-humorado pelos homens muito sabidos, entregava-se sem reservas a um francês chamado Dinjo que, segundo ela, em um encontro transou 26 vezes – um homem durão difícil de encontrar, sem dúvida.

De acordo com a Organização Mundial de Saúde, estima-se que 100 milhões de atos sexuais sejam praticados todos os dias.

O RESTO É SILÊNCIO

Durante suas pesquisas de laboratório sobre sexualidade humana, o sexólogo William Masters colocou o dedo no reto de homens, durante o intercurso, para saber qual a violência dos espasmos da próstata na ejaculação. Nos homens com mais de 60, ele não conseguiu detectar nada. Era como se a tecla *mute* tivesse sido acionada sobre a haste de um instrumento de corda: as cordas ainda vibram, mas a ressonância morreu.

O declínio do desempenho sexual é constante. Da meia-idade para a frente (seja lá quando for), a ereção, que com 20 anos dava um salto, sem controle, agora necessita ser cuidada com atenção, não sendo mais o que era quando chega lá. Assim como a velhice traz perda de músculo e peso, também reduz as dimensões do pênis: com todo o empenho, a ereção de 15 cm de ontem agora fica uns três centímetros menor, ou ainda inferior. E enquanto a ereção durava uma hora em esquentamento sexual antes do clímax, agora dura cada vez menos; para um homem de 60, de acordo com Alfred Kinsey, 6 ou 7 minutos é tudo que ele, e seu pênis, podem conseguir. Há também uma progressiva diminuição do desejo por sexo, uma vez por semana, por mês, de vez em quando.

Pode também haver compensação na diminuição do desejo sexual do homem: aos 50 anos, quando o desejo urge, ele é capaz de segurar o desfecho do ato, de uma forma impossível de conseguir antes. Caso tenha aprendido alguma coisa com a vida, pode ter mais consideração com a parceira, ganhar satisfação com isso e com sua capacidade de autocontrole. Em geral, na vida, ele pode ter menos ímpeto também – considerando que com 30 anos a testosterona, o combustível do foguete do desejo sexual mas também de sua agressividade, vem caindo a uma porcentagem de um ponto ao ano. "Vinte anos atrás, dez anos atrás, seu pau estaria dirigindo o carro", escreveu Howard Jacobson sobre Frank, personagem de meia-idade do seu romance *No More Mister Nice Guy*. "O grande consolo de ter 50 anos, para todos os seus outros órgãos, é que eles finalmente conseguem estar na direção".

Mas a roda do tempo gira inexoravelmente. A rigidez completa torna-se memória distante; o período refratário de indiferença sexual após o clímax aumenta; os dias de ficar excitado vão indo. Falando sexualmente, os homens caem pelas tabelas. Aos 65, metade dos homens estão, para usar uma metáfora esportiva, fora do jogo; como estão virtualmente todos, dez anos depois, caso não apelem a recursos químicos para acionar o motor.

Os ilhéus dos Mares do Sul falam da libertação do homem da sexualidade, como um barco que entra na tranquilidade de uma lagoa, após a turbulência do mar aberto. Alguns homens podem se identificar com isso, saudosistas mesmo que com humor. (Quando estava com 78, Winston Churchill, prestes a falar em uma reunião pública, e tendo recebido uma nota escrita por um assessor dizendo que sua braguilha estava desabotoada, rabiscou de volta: "Aves mortas não caem dos ninhos").

Mas a maioria não admite para si mesma que a lancheira da juventude já era, transformando-se na caneca de chocolate quente da terceira idade. Eles e seus pênis, assim como atores desempregados, estão apenas "descansando".

Mesmo em relação aos seus dotes, o proprietário ainda parece considerar a si próprio como um ser sexual. "O velho", escreveu o poeta italiano Giacomo Leopardi, "na privacidade de seus pensamentos, embora possa dizer o contrário, nunca para de acreditar que, por alguma singular exceção da regra universal, ele pode, de modo desconhecido e inexplicável, ainda impressionar as mulheres." Em casos extremos, isso nada mais é do que demência peniana. Mas, não importa quão velho ele seja, um homem olha, oh, ele nunca para de olhar: um peito empinado, uma bunda pneumática, uma face que o faz pensar: "Houve um tempo...", ou mesmo, "Mesmo agora, se..."; e se, e se...

O pênis e seu dono não podem mais exigir muito um do outro, e se o possuidor de pênis finalmente considera que não é mais dono do próprio membro, acabou a brincadeira. Mas o pau do cérebro, não importa sua localização ou como esteja definido neurologicamente, permanece buscando, enquanto houver consciência.

NOTAS DO AUTOR

[A] A etnia san, do sul da África, frequentemente chamada de "bosquímanos", é a mais antiga cultura do planeta, com uma história que remonta a pelos menos 70 mil anos – é conhecida por sua curiosa anatomia. Os lábios menores, ou lábios internos da vagina da mulher, crescem muito, ficando pendurados em cerca de 12 a 15 cm, como um pequeno avental – e os homens têm uma permanente semiereção em estado de flacidez. Já se especulou que os homens san eram os últimos humanos com osso no pênis, mas a condição resulta mesmo é de um único ligamento circular no músculo do reto.

[B] Uma peculiaridade da linguagem é que a felação, nos tempos modernos, é invariavelmente um "blow job", que sugere exatamente o oposto do que o ato envolve (*blow*, em inglês, significa soprar).

A origem desse termo não é clara. Pode ser um eufemismo para ejaculação, supondo que seja no sentido de uma chaleira que começa a ferver ou de uma baleia chegando à superfície e lançando para cima seu jato de vapor. Ambos parecem fantasiosos. Muito mais provável é que o termo venha da cena do jazz negro do final dos anos 1940 e 1950, significando tocar um instrumento. A outra alternativa moderna, "giving head", não precisa ser esclarecida.

C Durante séculos, um método comum de contraceptivo, o sexo anal, foi considerado uma atividade recreacional heterossexual. Sessenta anos atrás, Kinsey descobriu que cerca de um homem em dez já tentara praticá-lo pelo menos uma vez, mas ele tinha poucos dados, e nenhum relativo às mulheres. Nos anos 1990, uma pesquisa nacional norte-americana estimou que um homem em cinco havia experimentado sexo anal – um número que dobrou em 2005.

Uma em três mulheres admitem ter tido uma experiência de penetração anal, mas, de acordo com um estudo francês, apenas um terço delas achou-a prazerosa.

A prevalência do sexo anal varia pelo mundo, com a Coreia do Sul reportando o menor número e os Estados Unidos o maior, onde acredita-se que um a cada dez casais o pratique regularmente.

D Há centenas de expressões para relação sexual, em oposição às palavras específicas, algumas delas altamente pessoais entre casais (em *Remembrance of Things Past*, de Proust, Swann implora a Odettte para "fazer uma camélia"). Nos séculos em que os homens mostravam a cavalo, por exemplo, eles falavam em "estabular o cavalo"; de forma menos elegante, agora falam em "esconder a salsicha", sendo preciso agradecer aos australianos por essa expressão coloquial.

E Para alguns homens, ter um dedo da parceira tocando sua próstata pelo reto, antes ou durante a ejaculação, representa prazer intenso. Para a maioria deles, esse ponto é tão sensível que receber um toque é dolorido, chegando a fazê-los interromper o que estão fazendo. Muitos homens, ao fazer um exame retal de sua próstata, têm uma experiência de ereção.

F Escritores de ficção de alta qualidade se esforçam para capturar os intrincados detalhes da atividade sexual e sua complexidade psicológica, buscando originalidade. Mas, às vezes, os resultados são simplesmente risíveis – o que fez com que a revista *Literary Review*, em 1993, introduzisse anualmente seu prêmio *Bad Sex*. Todo ano, a competição internacional é, para usar um clichê, muito rígida. Anos afora, como era de se prever, os esforços ficcionais para retratar o pênis nos estados em que se encontra garantiram seu lugar nas indicações para o prêmio da *Review*.

Norman Mailer, em seu último romance (*Castle in the Forest*) comparou um pênis mole a "um rolo mole de excrementos". John Updike descreveu em seu livro *Brazil*, um sujeito experimentando uma sensação de ereção como sendo "um caju que vira banana", e depois um "inhame enrugado", e em *Seek My Face* definiu uma ereção como "aquela obra-prima de Marisol, com o isqueiro do cigarro". Rowan Somerville (*The Shape of Her*) tornou-se o vencedor de 2010 por uma descrição de penetração: "como um colecionador de borboletas fixando um inseto de pele grossa com um alfinete pontudo, ele aparafusou-se nela". Talvez Sarah Duncan tivesse mesmo algo a dizer, em um artigo sobre o *Bad Sex Award*, que seus companheiros praticantes fictícios precisavam ser aconselhados a eliminar detalhes de qual parte do corpo vai aonde e o vocabulário explícito; "não há uma só palavra para pênis", ela escreveu, "que não soe um tanto idiota. Pau, pica, membro etc. Me provocam risadinhas". Ela evitou aparecer nas listas do *Review*.

G Escritores sérios acabam sendo indicados para o *Bad Sex Award*, já que o seu emaranhado de metáforas e similares fazem o sexo parecer, muitas vezes, que tem mais a ver com os elementos da natureza do que com alguma coisa experimentada entre lençóis.

UM POUCO DE ARITMÉTICA DO SEXO

Então eu o senti começando a se mover dentro de mim de novo... Céu ou Inferno... Era o Céu. Eu era a terra, as montanhas, os tigres, os rios que corriam para os lagos, o lago que virava mar. (Onze Minutos, Paulo Coelho)

Como se atingido pela centelha sagrada de um raio... o mundo, as gaivotas, o gosto de sal, a terra dura, o cheiro de mar, as nuvens, tudo desaparecera, e em seu lugar apareceu uma grande luz dourada, que crescia e crescia, até que tocou a estrela mais distante da galáxia. (Brida, Paulo Coelho)

O brasileiro Coelho não é o único expoente de prolixidade labiríntica, da qual os exemplos acima são apenas uma amostra. Esse, por exemplo:

Quase em um instante seu desejo... de alcançar um clímax estaca e abre caminho para um tipo de estado de alerta físico sensível... como se ele tivesse se transformado em um delicado sismógrafo que intercepta e decifra, no ato, as reações de seu corpo, traduzindo... em uma navegação proficiente e precisa, a antecipar e evitar, com cuidado, todo banco de areia, dirigindo a salvo de cada recife sob a água... (Rhyming Life and Death, Amos Oz).

E isso:

Ela puxou meu corpo para o dela, e cada movimento era um encantamento... Meu corpo era sua carruagem, que ela dirigiu para o sol. Seu corpo era meu rio, e eu me transformei no mar. E o gemido agudo com que nossos lábios se uniram, ao final, era o mundo de esperança e de pena que a êxtase arranca dos amantes enquanto inunda suas almas com grande alegria (Shantaram, Gregory David Roberts)

Escritores da parte inferior da escala literária não escapam à atenção do Review.

Sua toalha caiu no chão. O membro ereto de Sebastian era tão grande que eu pensei que fosse uma espécie de monumento do centro da cidade. Quase comecei a conduzir o tráfego em torno dele. (To Love, Honour and Betray, Kathy Lette)

Sua mão sai do meu joelho, na direção norte... E, como Sir Ranulph Fiennes, Pamela não vai se desencorajar facilmente... Sempre na direção norte, move sua mão... E quando ela chega ao polo norte, eu penso em maravilha e terror... ela com certeza vai querer armar sua barraca. (Rescue Me, Christopher Hart)

Honey Mackintosh mexia para cima e para baixo, entre minhas pernas, seus lábios grandes e suaves fechados em torno da minha tenda e, fiel às suas origens escocesas, ela chupou com tudo, como se fosse a última pessoa que sobrara na terra para tocar as grandes gaitas de fole no aniversário de Robbie Burns. (The Sucker's Kiss, Alan Parker)

Enquanto isso, em Vaginalândia, o Sr. Camisinha passa a se sentir um pouco inseguro... quando ele, queira ou não queira, começa a mexer para dentro e para fora do túnel cor de rosa. Ele começa a se sentir queimado pelo atrito, segurando-se ao pênis duro de Bobby para salvar sua vida, dando marradas no colo do útero de Georgie a 180 batidas por minuto. (Ten Storey Love Song, Richard Milward)

Se escrever um texto humorístico sobre sexo é um mau texto de sexo é ponto a ser discutido. Afinal, sua intenção é fazer os leitores rirem – não aquilo que o pessoal no topo do negócio da escrita de fato tem em mente.

215

H   Os caçadores e coletores de Aranda, na Austrália Central, são um dos poucos povos de hoje que parecem não saber que os machos são necessários para a procriação. Outros são os trobriandeses, habitantes de um arquipélago do Pacífico Ocidental, os yapeses, habitantes de uma grande ilha das Carolinas, e os kajaba, uma sociedade colombiana.
Os keeraki da Nova Guiné acreditam que a inseminação anal pode ocorrer entre meninos que se submetem aos homens durante a puberdade. Os etora, na Oceania, acreditam que os meninos não têm sêmen ao nascer, mas adquirem-no através da inseminação oral por homens mais velhos. Os homens da Nova Guiné têm sexo regular até o final da gravidez, porque acreditam que das repetidas infusões de sêmen provêm o material para produzir o corpo do feto.
Em Ruanda, reza a tradição que, como o sêmen e o leite são brancos, é recomendável praticar sexo durante a lactação.
Algumas sociedades acreditam que o sêmen pode ser transferido para o leite da mãe, envenenando o bebê. Na Guiné Equatorial, os fang acreditam que um menino vai ficar impotente se o leite pingar em seu pênis.

I   A primeira inseminação artificial foi conduzida em 1884, no Jefferson Medical College, Filadélfia, com o sêmen de um estudante de medicina sendo introduzido na mulher de um comerciante quaker (que preferiu não contar a ela). Em anos subsequentes, alguns médicos, durante os anos 1930, conduziram os procedimentos discretamente. Na Inglaterra, durante os anos 1930, os acadêmicos mais antigos eram doadores de esperma, tornando-se pais de um grande número de crianças. Em um período de seis anos, um eminente neuropsicólogo londrino fornecia regularmente amostras para uma discreta clínica de infertilidade de Londres, com seu superfecundo esperma levando a mais de 200 nascimentos. Não foi senão em 1954 que o público em geral soube o que era inseminação artificial – um ano após a primeira gravidez ter sido bem sucedida, utilizando esperma congelado. Em 2010, um bebê nasceu do sêmen que esteve congelado por mais de 20 anos.
Doadores de esperma precisam estar aptos, sem doenças. Seu esperma deve ter uma contagem acima da média, para dar a maior chance de engravidar. Doações recentes têm maior nível de fecundidade do que as dos congelados, e produzem taxa de gravidez maior. Muitos países têm uma séria falta de doadores, muitas vezes porque não aceitam doadores anônimos, incluída aí a Grã-Bretanha. O mais procurado dos espermas no mercado global vem da Dinamarca – pois os dinamarqueses são altos, têm educação superior e doam por motivos altruísticos.
As agências de esperma recrutam pessoas para contribuir, em geral via internet, fornecendo uma coleção de kits e o serviço de correio. As agências são muito desreguladas. A maioria das mulheres em busca de um doador faz isso por meio de bancos de esperma e clínicas de fertilidade estritamente controladas – para as quais os homens fornecem suas amostras enquanto assistem a um material pornográfico.
E quanto ao experimento de supremacia genética de Robert Graham? Depois que ele morreu, em 1997, com 90 anos, seu rancho, que servia como depósito de sêmen, em San Diego, sem financiamento, fechou.

J   Embora as sociedades patriarcais fossem daquele jeito, os gregos antigos e os primeiros judeus adoravam a lei que esclarecia o dever marital de um homem. Os atenienses decretaram que mulheres de cidadãos tinham direito a sexo três vezes por mês. Os judeus eram mais específicos: os trabalhadores deviam ser satisfeitos pelas mulheres, com orgasmos, duas vezes por semana; professores somente nas sextas-feiras; homens de negócio que viajavam para outras cidades, uma vez por semana; e tocadores de camelos (que viajavam ainda mais e cujo trabalho era árduo) uma vez cada 30 dias. "Homens do lazer" estavam, na teoria, sob a obrigação de satisfazer suas mulheres toda noite, o que parecia ser uma meta um tanto exagerada.

EPÍLOGO

COMO DOIS

O pênis não é apenas uma parte do corpo – é um determinante de identidade e comportamento. Sua posse pode elevar o dono a grandes alturas ou lançá-lo a grandes profundidades; como em qualquer relacionamento de longa duração, há dias bons e dias ruins.

A diferença na libido entre homens e mulheres, que mistura coração, cabeça e hormônios, é enorme. Os homens são programados para caçar, para espalhar sua semente, mulheres para conservar e cuidar, embora isso possa ser uma simplificação. A verdade é que ter um pênis pode permitir ao homem a despersonalização do sexo quase ao seu bel-prazer, se eles assim o desejarem, e ao longo da vida adulta, fazer "do desejo infinito um esforço que se carrega" (*Intimacy*, Hanif Kureishi).

Se os homens andam sem destino, ou se aventuram em um lugar onde preferiam não ter ido, é provável que culpem o pênis e não a si mesmos, assim como fazem quando falham em seu desempenho. É como aquela tirada da terapeuta sexual Barbara Keesling, que classifica o pênis como "um estranho que ocupa um espaço em sua roupa de baixo". E os donos quase sempre perdoam seus pênis de quaisquer transgressões; é provável que admoestem seu anexo não muito mais do que o herói de Paul Theroux em *My Secret History*, que "muitas vezes olhava para (seu) pênis e pensava: idiota". Como poderia ser de outra forma?

As mulheres têm mais a perder do que os homens ao se submeter ao açoite da libido, apesar de os homens não terem o monopólio da infidelidade; a humanidade é apenas nominalmente monógama. Há, claro, amor, que pode ser para sempre ou não. As mulheres preferem sexo ligado ao amor. Os homens, em geral, não se preocupam com isso. Eles sucumbem ao amor mais rapidamente; mulheres necessitam de tempo, assim como na cama. E, na cama, as diferentes trilhas que os homens e as mulheres seguem para se excitar e chegar ao grande final podem causar todo tipo de mal-entendidos. Mesmo quando estão mais próximos, os planetas Marte e Vênus estão separados por 128 milhões de quilômetros. Se o sexo é tão difícil, se os homens e as mulheres fazem um par tão imperfeito, por que o sexo parece dominar suas vidas? Afinal, seus primos primatas (com exceção dos bonobos) só acasalam quando a fêmea está em seus dias férteis (o que, no caso dos gorilas, dura seis dias a cada quatro anos – mesmo o macho dominante do grupo tem sorte se fizer sexo algumas vezes por ano). Humanos, destaca Jared Diamond, "são bizarros em nossa quase contínua prática de sexo".

Por quê? Porque, como Diamond também assinala, o sexo humano não é apenas um imperativo biológico. Apesar de todo o problema e do trabalho que causa, ele traz diversão tanto a quem tem pênis como a quem não tem. Um mundo sem sexo, imaginou o humorista americano Henry Louis Mencken,

> *seria insuportável de tão chato. É o instinto do sexo que faz as mulheres parecerem bonitas, o que elas são muito de vez em quando, e os homens parecerem sábios e valentes, o que eles nunca são, de forma alguma. Abafe o sexo, desnaturalize-o, mande-o embora e a existência humana seria reduzida a um nível de vida prosaico, laborioso, chato, como o de um formigueiro.*

Todavia, cada vez mais a ciência está divorciando o sexo da reprodução. O *Journal of Australia*, uma autoridade em fertilização *in-vitro*, prevê que o intercurso sexual desaparecerá como meio de procriação em favor da tecnologia que adota preferências gênicas e evita riscos genéticos. O biólogo evolucionista Robin Baker vai além, prevendo que "se o sexo não tem mais qualquer benefício biológico, mas apenas reproduz cenários antigos", sua atração desaparecerá. Caso isso ocorra, o pênis ficará cada vez menos significativo, e, em mil anos, encolherá para as dimensões do gorila, de onde se desenvolveu.

É uma visão distópica. De qualquer lugar da terra, quem possui um pênis apenas pode esperar que seus descendentes lutem centímetro por centímetro durante as suas vidas contra esse destino evolucionário.

Esta obra foi composta
em Adobe Garamond Pro por Áttema Editorial
e impressa por Bartira Gráfica e Editora Ltda.,
em offset, sobre Chambril Avena 80g/m² para
a Bússola Produções Culturais e Editora Ltda.,
em setembro de 2013.